Maria Alice Ximenes

MODA E ARTE
NA **REINVENÇÃO DO**
CORPO FEMININO
DO SÉCULO XIX

2ª edição

Moda e arte na reinvenção do corpo feminino do século XIX © Maria Alice Ximenes, 2009.

Direitos desta edição reservados à Estação das Letras e Cores Editora e ao
Serviço Nacional de Aprendizagem Comercial – Administração Regional do Rio de Janeiro.
Vedada, nos termos da lei, a reprodução total ou parcial deste livro.

Estação das Letras e Cores
Direção Editorial: Kathia Castilho
Conselho Editorial: Profª Drª Ana Paula de Miranda; Profª Drª Cristiane Mesquita; Profª Drª Maria
Carolina Garcia; Profª Drª Maria de Fatima Mattos; Profª Drª Mara Rúbia Sant'Anna; Profª Drª Rosane
Preciosa e Profª Drª Suzana Barretos.

Estação das Letras e Cores
Rua Cardoso de Almeida, 788 cj.144 – Perdizes – CEP: 05013-001 – São Paulo – SP
Telefax 55 11 4191-8183
www.estacaoletras.com.br

SISTEMA FECOMÉRCIO-RJ
SENAC RIO
Presidente do Conselho Regional: Orlando Diniz
Conselho Editorial: Julio Pedro, Marcos Vignal, Eduardo Diniz, Vania Carvalho, Wilma Freitas,
Valéria Lima Rocha, Manuel Vieira e Elvira Cardoso.

Editora Senac Rio
Rua Marquês de Abrantes, 99/2º andar – Flamengo – CEP: 22230-060 – Rio de Janeiro – RJ
comercial.editora@rj.senac.br
editora@rj.senac.br
www.rj.senac.br/editora

Revisão: Marcia Moura e Caio Pereira
Diagramação: CD Studio - Letícia Faria e Thiago Cintra

Dados Internacionais da Catalogação na Publicação (CIP)

Ximenes, Maria Alice
Moda e arte na reinvenção do corpo feminino do século XIX / Maria Alice Ximenes.
São Paulo: Estação das Letras e Cores, 2011, Rio de Janeiro: Editora Senac Rio.

Bibliografia
ISBN. 978-85-60166-47-3

1. Arte - História - Século 19.
2. Moda - História - Século 19.
3. Mulheres - Europa - História - Século 19.
4. Século 19. I. Titulo

CDD 305-4094
391.009034
709.034
90Q.R1

Texto revisado segundo o Novo Acordo Ortográfico da Língua Portuguesa,
em vigor no Brasil desde 2009.

2ª edição: agosto de 2011

Para minha filha, Bruna, representante do princípio feminino: meiguice, cuidado, feminilidade e, ao mesmo tempo, força e coragem: meu eterno obrigado.

AGRADECIMENTOS

Especialmente a Kathia Castilho, amiga querida que me encantou com sua sabedoria e delicadeza desde o início.

A Maria Adelina Pereira, que acreditou em mim e me estendeu a mão para que eu pudesse participar do mundo acadêmico.

A Maria de Fátima Garcia Mattos, pelo modelo de força de mulher e profissional que representa em minha vida.

A Marília Vieira Soares, por ter sido tão encantadora professora, daquelas que, pela vida inteira, a gente não esquece...

Ao meu querido orientador e amigo, Ernesto Giovanni Boccara, que, mais que conhecimentos, me mostrou que o universo das artes e o verdadeiro artista transcendem o simples aprendizado técnico para fluírem do inconsciente, da alma, dos poros, do coração.

A mulher é sem dúvida
uma luz, um olhar, um convite
à felicidade. Uma palavra, às vezes,
mas é principalmente uma harmonia
geral, não somente em seu andar e
no movimento de seus membros,
mas também nas musselines,
filós, nas vastas e cambian-
tes nuvens de tecido com
que se envolve e que são
como pedestal de sua divindade;
no metal e mineral que lhe serpenteiam
os braços, o colo, que juntam suas fagulhas ao
fogo de seu olhar, ou que sussurram docemente a
seus ouvidos. Que poeta ousaria, na pintura do prazer causado pela aparição de uma beleza, separar a mulher de sua roupa?
Charles Baudelaire

SUMÁRIO

APRESENTAÇÃO
Prof. Dr. Ernesto Giovanni Boccara · 13

PREFÁCIO DA 2ª EDIÇÃO · 19

INTRODUÇÃO · 23

CAPÍTULO 1
A mulher esculpida pela cultura e pela sociedade · 35

CAPÍTULO 2
O corpo feminino esculpido pela roupagem · 51

CAPÍTULO 3
A moral das roupas · 73

CAPÍTULO 4
A forma conceitual das saias no espaço · 89

CONSIDERAÇÕES FINAIS · 95

REFERÊNCIAS BIBLIOGRÁFICAS · 99

APRESENTAÇÃO

Em momento algum, como agora, o corpo feminino esteve no centro das atenções da mídia e das pesquisas. Vivemos um momento de consciência sobre o corpo humano, justamente pelo fato de que há uma tensão entre sua banalização pelos atentados terroristas, as guerras localizadas, a violência urbana, e o culto exagerado ao corpo, glamurizado e modelado em academias e por cirurgias plásticas.

É por esta razão que a pesquisa de mestrado desenvolvida, no Programa de Mestrado e Doutorado do Instituto de Artes da Unicamp, pela artista plástica e professora Maria Alice Ximenes, elegeu o corpo da mulher do século XIX para um recuo histórico, necessário ao entendimento das causas externas situadas na cultura, nas artes e na dinâmica social que determinaram o seu modelamento por meio da indumentária.

Este livro é o resultado bem-sucedido desta empreitada, reunindo o olhar profissional da consultora, estilista e professora de moda com o da pesquisadora.

Aqui, a artista plástica Maria Alice Ximenes, em linguagem direta e objetiva, essencialmente detalhista, persegue sua hipótese: a de que o corpo feminino, ao longo dos séculos, é redesenhado sobre sua estrutura natural biológica, alterando sua verdadeira anatomia por meio da instalação da cultura nele. Da gestualidade à postura corporal, do movimento no espaço à própria imagem da mulher do século XIX, temos a evidência de como fatores exógenos e construídos pela cultura se impõem a uma realidade natural: eles a transformam e a determinam. Estes fatores alteraram artificialmente as proporções e a volumetria do corpo "de modo ficcional e, muitas vezes, bizarro", ocultando-o "sob arquitetônicos vestidos", conforme diz a própria autora.

Dessa forma, o livro elenca, analítica e dedutivamente, esses fatores, contextualizando-os de maneira histórica no universo participativo feminino, causado pela Revolução Francesa, que deu à mulher o estatuto de cidadã, a qual passou a vestir a forma neoclássica da Nova República. No entanto, a estrutura social ainda é fortemente patriarcal e, apesar dos novos direitos da mulher, há, por parte dela, submissão e obediência aos desejos construídos pela fantasia erótica masculina, evidenciadas no vestuário por meio da chegada a Paris do primeiro costureiro, Charles Frederic Worth.

A relação com a arte da pintura é ressaltada por meio de obras selecionadas que representam mulheres nuas e com posições favorecendo e enaltecendo dorsos e nádegas, bem como mulheres retratadas com vestidos em salões de baile, comemorações sociais, cenas urbanas e familiares. Isso correlaciona a representação pictórica realista e impressionista com a dedução da hipótese, ou seja, com a maneira como se construiu o corpo feminino por meio das formas expressivas da cultura da época, que mantém com o objeto de sua referência uma relação contemplativa, idealizada em desejo de se criar uma imagem modelar, exemplar.

No lar, a mulher era entronizada por suas virtudes domésticas, contanto que se mantivesse ociosa e publicamente se vestisse para ressaltar as riquezas e o status social do marido, tornando-se sua vitrina.

Segundo a autora, o exagero ficcional e fantasioso do corpo feminino, conquistado dolorosamente com base nas estruturas acopladas ou amarradas, como a crinolina e as anquinhas, sugeria uma suposta volumetria de carne sob o vestido armado, o que não existia em verdade, assim como os dimensionamentos excessivamente idealizados dos corpos nus, retratados de modo maliciosamente inventado ou "esculpido pelo olhar" dos pintores.

A pergunta que conduz a narrativa analítica e dedutora é: como e por que há este jogo duplo dos desejos instintivos implícitos no desenho dos vestidos, que se referem a corpos femininos inexistentes, mas criados como potencialidade virtual pela arte e pela cultura, da mesma forma como a fragilidade, a palidez virginal e a suposta inocência das belas donzelas da recém-inventada burguesia, que desmaiavam devido ao torturante e asfixiante espartilho.

Consolida-se, desse modo, a oposição entre a força muscular masculina e dominadora, erotizada diante da fêmea frágil e submissa aos ímpetos animalescos do macho. Sob o manto legitimador dos hábitos e costumes vitorianos, encobria-se e consentia-se o jogo instintivo de uma sexualidade reprimida.

Esta pesquisa e agora a sua narrativa, neste saboroso livro, de linguagem direta e reveladora, nos conduzem às entranhas desse jogo de natureza psicológica, no diálogo permanente da sexualidade dos corpos masculinos e femininos travado pela linguagem das roupas, cuja significação está longe de ser apenas a cobertura da nudez.

O texto nos dá a consciência da potencialidade semântica do discurso dos panos, cujo desenho das formas resultantes, envolvendo a carne humana, pode elevá-la para além de sua materialidade animal, espiritualizando-a, atravessando a ponte entre o corpo e a alma, e apontando para além do homem. Por isso, o recurso analítico da arte aqui se faz presente e é obrigatório como signo indicial desse percurso do corpo e de suas representações no processo civilizatório.

A moda, hoje, se constitui nesta consciência do corpo como dimensão da cultura, no qual a gestualidade, os movimentos, as medidas e os envoltórios construídos sobre ele expressam a dimensão coletiva dos desejos individuais somatizados e mediatizados por padrões estéticos genéricos e socializantes.

Maria Alice Ximenes fala de um território, ou seja, da construção de um campo de conhecimento sobre a moda como linguagem expressiva e comunicativa do corpo, por meio da indumentária que agrega valores de sedução e de estímulo ao imaginário, só passível de ser pesquisado com uma abordagem histórica, enfocada de forma múltipla e interdisciplinar. Esta pesquisa, ao sustentar, como pressuposto básico, que a produção da moda é ancorada na cultura de uma dada época, sistematizou-a historicamente com as representações dominantes dos períodos em questão, mantendo vivo o diálogo com a mesma de forma insistente e fluida, como base fundamental de sua razão de ser, fornecendo, assim, uma abordagem ontológica. A autora incorpora, com a fluidez de suas observações, uma postura revolucionária na forma de olhar o mundo e de propor o fazer criativo de futuros estilistas sem pudores, autocensura, preconceitos e modelos estereotipados dos objetos estéticos. Isso interessa à moda contemporânea, que pode simplesmente incorporar referências estéticas de todos os níveis da cultura, por meio de seu gerenciador natural, que é a arte, experimentando materiais, formas, cores e conceitos completamente estranhos e descontínuos, mas que conservam a coerência da autenticidade e da sabedoria da intuição. Ler este livro é um estímulo a uma maior liberdade de criação e igualmente um desafio para se entender esse novo jogo de relações do corpo hoje, conscientizando-nos sobre seus antecedentes históricos e comparativamente nos transportando com uma postura analítica para a nossa época, ou seja, para uma sociedade em transição tecnológica, que reelabora um estatuto do corpo em condições ambíguas e plurais, típicas dos estados de transição, com modelagens elásticas e descartáveis, de rápidas transformações e impactos consideráveis.

Prof. Dr. Ernesto Giovanni Boccara
Instituto de Artes - Unicamp

PREFÁCIO DA 2ª EDIÇÃO

Sem dúvida alguma, representa um grande contentamento a chegada deste livro à 2ª edição!

Agradeço novamente à grande amiga e incentivadora Profª Drª Kathia Castilho e a todos os leitores que me prestigiaram com a leitura da 1ª edição.

Desde seu lançamento, venho observando suas formas de utilização, curiosamente, as mais variadas. O livro é usado por pesquisadores de várias áreas do conhecimento (Artes, História, Consumo, Sociologia, Antropologia, Ergonomia, Corpo, Dança, Saúde, Têxtil e Modelagem) e não apenas aqueles ligados aos estudos da Moda.

A repercussão é sempre uma surpresa, pois, em várias situações, fiquei muito orgulhosa ao ver, nas livrarias, este livro sendo retirado da prateleira por alguém interessado pelo tema ou atraído pela foto da capa, quem sabe... Eu tinha um desejo imenso em saber qual era a esfera de interesse em que se enquadrava o desejo por esta obra. Também me senti honrada em situações em que alguns leitores vinham me parabenizar pelo livro, ressaltando a contribuição dele em suas pesquisas.

Na esperança de esta obra continue legitimando a Moda como área de estudos e pesquisas, reitero meu profundo agradecimento.

INTRODUÇÃO

Este livro é o resultado de minha dissertação de mestrado, concluída na Universidade Estadual de Campinas – Unicamp, sob orientação do Prof. Dr. Ernesto Giovanni Boccara.

A escolha por estudar o corpo no século XIX ocorreu a partir de uma visita feita ao *Museé de la Mode et du Textile*, em Paris, em março de 2001, quando me deparei com vitrinas que exibiam saiotes, anáguas, corpetes e espartilhos usados no decorrer da História, especialmente no século XIX, além dos engenhosos vestidos correspondentes.

A indagação que me surgiu foi: quem mais influenciou a construção da estética da forma do corpo vestido? Essa foi a pergunta que fiz a mim mesma e, a partir desse momento, percebi que ali estava meu objeto de estudo, que se cristalizara por meio de uma inquietação e dava início à minha pesquisa.

A rigor, o nascimento da moda se dá apenas no Renascimento, com o advento dos burgos emergindo financeiramente. Nesse momento, os burgueses passam a copiar as roupas da nobreza, dando início ao fenômeno cíclico que Pierre Bourdieu caracteriza como a pretensão e a distinção: "...a dialética da pretensão e da distinção, princípio da transformação permanente dos gostos. Nesse jogo de recusas recusando outras recusas, de superações superando outras superações..."[1]

Constitui-se, assim, a característica que mais adequadamente representa a moda: a efemeridade. Esses fenômenos acabam por impor ciclos de mudanças cada vez mais curtos, e é justamente no século XIX que explode a disseminação e popularização da moda. Esse período marca também a revolução tecnológica trazida pela Revolução Industrial, implementando

---

[1] BOURDIEU, Pierre. A Distinção. *Crítica social do julgamento.* São Paulo: Edusp; Porto Alegre: Zouch, 2008.

as máquinas têxteis e o verdadeiro furor da máquina de costura, que permitiam agora a confecção de roupas, dando início ao processo da industrialização da moda. Além disso, surge o espaço público dos grandes *magasins,* que eram o paraíso de variedade e consumo, contrapondo-se à *maison,* espaço restrito às classes superiores.

Trata-se ainda do século da alta costura e da criação dos novos espaços de sociabilidade burguesa, como a ópera, o teatro, os bailes, dentre outros. Tudo isso aumentou vertiginosamente o acesso à moda e às possibilidades de aparições públicas (principalmente da mulher burguesa). Outra especificidade que esse período traz é o uso da fotografia e das pranchas de moda para ilustrar as tendências da época, as quais eram demonstrações fiéis do que ocorria (pois, até então, o único sinalizador eram as obras de arte, como as telas dos pintores). Podia-se, então, valer desses artifícios visuais verossímeis e também de crônicas de jornal, estudos de moda, romances e relatos como os de Balzac, Proust, Baudelaire e outros literatos da época.

Isso nos revela o porquê da especificidade desse século.

Em meio a esse cenário de fácil disseminação da moda, o vestuário se revelava, portanto, um incrível sinalizador de posição social e diferenciação de sexo, mostrando que a moda opera sobre um tripé de facetas: social, psicológica e estética. Todas essas diferenças posicionavam as tarefas de cada um dos sexos na sociedade.

A mulher era sempre dona de um traje rebuscado e sem mobilidade, que acentuava sua fragilidade e vida ociosa, enquanto a sóbria e simplificada vestimenta masculina permitia que ele circulasse livremente pela vida urbana sem restrições. Vale ainda acrescentar que o casamento era a carreira ideal feminina, e, para tanto, a mulher se utilizava da vestimenta como forma de "*marketing* pessoal", pois sua imagem era um dos poucos artifícios de que ela se valia para a conquista, visto que suas aparições públicas eram ainda restritas (no caso da mulher burguesa). Outro fator interessante a se mostrar nesse contexto é o jogo de "dar-se negando", que Gilda de Melo e Souza[2] cita, pois, apesar da drástica moral vigente repressora, que colocava as mulheres enclausuradas na missão de administradoras do lar e mães, elas apareciam simultaneamente com uma forma erotizada em determinadas roupas. Utilizando artifícios como o decote, o xale, a sombrinha, o leque, a mulher estabelecia o jogo de insinuar e recuar.

A forma do corpo feminino, no decorrer da História, passou por diversas mudanças, que proporcionaram redesenhos que reformularam sua verdadeira anatomia. Suas reais proporções foram substituídas por uma construção vestimentária bizarra, de cunho ficcional: vestidos arquitetônicos que ocultaram a mulher.

O século XIX é um palco de oscilações em vários setores, desde regimes políticos aos comportamentos da cultura e da sociedade, que mesclaram formas de pensar paradoxais. A silhueta do corpo feminino vestido trouxe, nesse período, formas variáveis nas quais sua estrutura, desde aquelas que lembram a Antiguidade Clássica até o desenho de uma ampulheta, me instigaram a desenvolver um estudo sobre a elaboração das mesmas. A forma do corpo vestido, como objeto no espaço e em movimento, é obtida por meio de sua estética tridimensional: relevos, depressões, concavidades e convexidades que, entre curvas virtuais, se movimentaram em várias partes do corpo da mulher, produzindo ora quadris imensos, ora traseiros protuberantes, contornos sinuosos e cinturas estranguladas.

O século XIX foi particularmente escolhido não apenas para descrever sua indumentária dominante (pois outros períodos foram até mais extravagantes em termos de ostentação no vestir), mas para entender as oscilações dos volumes das formas das roupas fantasticamente eróticas criadas para criaturas tão frágeis.

---

[2] MELLO E SOUZA, Gilda de. *O espírito das roupas: a moda no século dezenove*. São Paulo: Cia das Letras, 1987.

Com o advento da Revolução Francesa, o universo participativo feminino foi de extrema coesão com os interesses do sentimento que ganhava as ruas. A mulher se fez presente em manifestações públicas e, junto aos *sans-culottes*[3], reivindicou mudanças, quando a mistura de sexos, idades e roupas foi percebida nas multidões. Porém, as mudanças nas vestes possuíam apenas um significado político, e o corpo da mulher logo vestiu a forma neoclássica da Nova República francesa. Apesar de desprovidas de qualquer direito político, as mulheres foram convertidas em emblemas.

A conduta e o comportamento feminino exibiram as virtudes da obediência e submissão. O século da devassidão elitizada ficou para trás, muito embora o século XIX tenha sido conhecido como o século das infidelidades. As figuras e os papéis, tendo como pano de fundo uma sociedade extremamente patriarcal, passaram a denotar novos desenhos para o corpo feminino vestido.

Na vivência do cotidiano e de sua pequena atividade social, ou como consequência de sua ociosidade, havia muito tempo livre para a mulher idealizar o decoro. Seus dotes físicos deveriam ser evidenciados, pois as roupas constituíam o elemento que platonicamente a aproximavam do sexo oposto e nutriam atração recíproca.

Mas, passeando pelo período romântico e, depois, pelo vitoriano e pela primeira parte da *Belle Époque*, a mulher confinada à cultura feminina, que contempla o recato e o pudor, se torna esculpida sob a égide de um olhar que corporificou formas incoerentes com sua atitude, olhar esse possivelmente idealizado a partir da fantasia erótica masculina.

Essa fantasia pode ser lida por meio da chegada do primeiro grande costureiro em Paris, Charles Frederic Worth, ditando

---

[3] *Sans-culottes* foi o nome dado aos revolucionários que reivindicavam as mudanças governamentais, cujo sentimento ganhava as ruas. Eles foram assim chamados porque não usavam os elegantes "calções" (*culottes*) que os aristocratas usavam, apertados até os joelhos. Em seu lugar, portavam uma calça de algodão grosso (*o pantalon*).

formas para vestir para as mulheres. Estas, portanto, passavam a ser redesenhadas por um homem, que lhes dava subsídios não apenas de sugestões de vestuário, mas utilizava seu olhar de homem e artista para idealizá-las segundo o desejo masculino subjacente.

Os artistas do realismo e impressionismo retrataram as mulheres tanto vestidas como despidas, tornando evidentes as partes de seus corpos, cujas generosidades carnais contemplavam as preferências da época – ancas e nádegas. Os registros de banhistas em diversos ângulos representavam como os artistas olhavam para o corpo da mulher. Muitos quadros, inclusive, se tornaram, por isso, polêmicos e repudiados nos salões de arte.

Entre 1830 e 1870, a cultura francesa é atravessada por uma corrente que se une indissoluvelmente aos acontecimentos sociais e políticos, aos entusiasmos científicos e a uma moral e hábitos renovados. A economia industrial se consolida, dando primazia ao capital financeiro em detrimento da propriedade fundiária, desencadeando o nascimento do proletariado e a sua conscientização como classe, percebendo a participação do homem comum na política.

Esses fatos revelam um breve panorama em que a figura do homem surge como importante figurante, grande empreendedor, completamente envolvido nos ideais burgueses. É o oposto do século anterior, no qual se percebia na vestimenta de ambos os sexos uma preocupação com a vaidade e o exagero. No século XIX, o homem se apresenta vestido de maneira sóbria e séria, com exceção dos dândis[4]. O próspero homem de negócios transfere para a mulher vestida o dever de ressaltar suas riquezas e poder, como se fosse uma vitrina.

A mulher reina, no século XIX, para o homem. A pequena participação social feminina irá torná-la a "rainha do lar". Se-

---

[4] Do inglês *dandy*: "almofadinha, requintado, de primeira classe". Chamaram assim os homens exageradamente aristocráticos do período vitoriano que caíam no maneirismo, preocupados com a ornamentação, enfatizando os detalhes, como um lenço de renda e um punho trabalhado.

gundo o historiador de moda James Laver, o homem esperava duas coisas da esposa: "[...] primeiro, que fosse um modelo de virtudes domésticas, segundo, que não fizesse nada [...]"[5]

Sua completa ociosidade era a marca do status social do marido. O corpo da mulher representava um suporte, e a roupa era o invólucro que arrastava não apenas os novos paradigmas do século XIX, mas também a forma como o corpo da mulher era revelado para o homem.

Esse discurso se confirma não somente baseado nas poesias de Charles Baudelaire ou nos romances de Honoré de Balzac, mas em diversas análises, cuja esfera de interesses se debruça no modo como o olhar era dirigido ao corpo feminino. Berger desenvolve uma reflexão sobre a presença de uma mulher que exprime sua própria atitude em relação a si mesma, e define o que pode e o que não pode lhe ser feito: "[...] sua presença é manifestada pelos gestos, voz, opiniões, expressões e roupas; enfim, a maneira como uma mulher aparece para um homem pode determinar a maneira como será tratada [...]"[6]

Seguindo por essa vertente, percebe-se, nas obras dos nus na História, um destaque para a presença da mulher que se sente olhada nas telas. Olhada por um espectador específico: o homem. A figura da mulher, dessa maneira, é sugerida como oferecimento para contemplação.

Da mesma forma, acredito nessa presença da mulher vestida, pelo homem e para o homem, assim como na maioria das pinturas europeias do nu. Porém, o protagonista principal nunca é pintado, porque ele é o espectador diante do quadro, e tudo a ele é dirigido. Assim, o corpo feminino "vestido/despido" assume as formas que serão apreciadas pelo homem.

A mulher oferta sua feminilidade como uma coisa a ser contemplada. A paixão sexual da mulher é minimizada para

---

[5] LAVER , James. *A Roupa e a Moda: uma história concisa.* São Paulo: Companhia das Letras,1989.
[6] BERGER , John. *Modos de Ver.* Rio de Janeiro: Rocco, 1999.

que o espectador possa sentir que ele tem o monopólio dessa paixão. A forma despida ou vestida da mulher se apresenta para estimular o homem.

Confirmando essa interpretação, a socióloga Gilda de Melo e Souza, em *O espírito das roupas*, descreve a indumentária feminina do século XIX como objeto intermediário aos anseios reprimidos da mulher:

> [...] sob a rígida organização das sociedades, fluem anseios psíquicos subterrâneos de que a moda pressente essa direção. Na sociedade democrática do século XIX, quando os desejos de prestígio se avolumam e crescem as necessidades de distinção e de liderança, a moda encontrará recursos infinitos de torná-los visíveis. Por outro lado, quando a curiosidade sexual se contém sob o puritanismo dos costumes de uma sociedade burguesa, a moda descobrirá meios de, sem ofender a moral reinante, satisfazer um impulso reprimido [...]" (SOUZA, 1987, p. 25).

Por meio desse olhar sobre a elaboração imagética, confirmou-se meu raciocínio de que a roupa possui uma segunda natureza, pertencente a um processo civilizatório. Afinal, é possível ler a história do homem por meio da indumentária utilizada. Elizabeth Wilson[7] destaca a roupa como o elemento que liga o ser biológico ao ser social, e Maffesoli[8] confirma a citação, defendendo as imagens vestidas como representação de um corpo social.

Os capítulos a seguir levarão o leitor ao entendimento das formas representativas da mulher vestida no século XIX, relacionada com a representação feita pelos pintores a partir dos nus, trazendo a confirmação sobre a analogia da erotização criada

---

[7] Elizabeth WILSON, autora de *Enfeitada de Sonhos*, caracteriza a moda como fragmentação e identidade de superfícies e expressão teatral.

[8] Michel MAFFESOLI , em *Tempo das Tribos*, descreve a aparência como imagens que participam de um corpo social. Antes de serem sublimados ou rebaixados, o corpo e a beleza eram valorizados como elementos de criação, epifania da forma.

para esta mulher vestida, segundo os desejos masculinos. O argumento principal de minha pesquisa foi revelar o quanto o corpo feminino esteve esculpido pelo olhar masculino.

Como pista de primeira ordem, reuni uma antologia representativa dos nus na pintura francesa no século XIX e roupagens registradas pelos pintores da época, recolhendo informações de diferentes fontes bibliográficas.

Os primeiros passos deste trabalho foram produzidos paralelamente à minha própria experiência na docência de História da Indumentária, e principalmente por meio de materiais recolhidos e fotografados, além da pesquisa documental.

Daqui parte o interesse de fornecer um estudo calcado em dois nítidos caminhos: um deles é o que contempla minha formação e minha forma de perceber a roupa como artista plástica, enquanto o outro é o de reunir na história da indumentária, segmento que me instiga sempre a pesquisar cada vez mais as possibilidades de entender a roupa como objeto em seu desenho e desempenho.

A pesquisa representa, também, o desejo de entender o século XIX em todos os segmentos que tenham pertinência e as influências decorrentes do assunto, entendendo que o corpo representa o suporte para a arte, e a roupa, o objeto de arte. Sua forma e volume criam a mola propulsora para o discurso sobre o corpo feminino esculpido pelo olhar masculino.

Este livro é composto de quatro capítulos, os quais foram elaborados em uma sequência que contempla questões sociológicas, subjetivas e antropológicas, até as que estão intrínsecas na história do traje, e suas relações com a história da arte.

No Capítulo 1, "A mulher esculpida pela cultura e pela sociedade", é feito o levantamento sobre a cultura feminina. Pude, então, fazer um mapeamento, em bibliografias diversas, sobre o universo da mulher no decorrer do século XIX, no qual apresento suas atividades, participações, ociosidade, lazer, sua presença pública e privada, seu papel na sociedade, hábitos e costumes no cotidiano, para desenvolver os preâmbulos sobre a questão comportamental e sua vestimenta.

No Capítulo 2, "O corpo feminino esculpido pela roupagem", é feita uma análise mais diretamente sobre os trajes usados no século XIX, onde serão concentrados estudos sobre o vestuário da mulher burguesa. Uma série de ilustrações serão apresentadas nesse capítulo, para uma maior compreensão da roupa como objeto de configuração do corpo.

As mudanças e formas de se vestir nesse século foram investigadas em sua aparência, principalmente no que diz respeito às formas e volumes na parte inferior do corpo feminino, portanto, as saias receberão uma especial atenção.

No Capítulo 3, "A moral das roupas", será abordada a construção erótica do corpo feminino por meio dos trajes. Nesse momento, pretendi realizar uma análise fundamentada em gênero e sexualidade. Serão investigadas as obras dos pintores do realismo e impressionismo que retrataram as mulheres nuas, capturando suas preferências. Também será descrito o traje desenhado e executado pelo grande costureiro Worth e seu contato direto com as mulheres.

O Capítulo 4, "A forma conceitual do objeto no espaço", será utilizado para descrever as saias e sua representatividade como expressão viva, demonstrada como veículo mediador do corpo como linguagem visual em um contexto mais utópico.

Espero que a leitura traga contribuições para estudantes, pesquisadores e interessados em geral no assunto, e possa principalmente desencadear novos olhares para que surjam mais pesquisas.

CAPÍTULO 1

A mulher esculpida pela cultura e pela sociedade

O início do século XIX é marcado por diversos acontecimentos. A Revolução Francesa, com o novo regime do Império e Diretório francês, assiste à queda da monarquia e ascensão da burguesia; enquanto na Inglaterra a Revolução Industrial se expande e prepara o solo capitalista que, consequentemente, desencadeou a conscientização das classes sociais, fazendo com que a semente do socialismo florescesse nesse século.

O universo feminino, nesse momento histórico, exclui as mulheres de atividades que possam promovê-las social ou politicamente. O ideal feminino oitocentista redefiniu-a como algo entre anjos e crianças, totalmente dependente da figura masculina; sua estrutura frágil e impotente lhe conferia a aparência apreciada.

Na virada do século XVIII para o século XIX, houve na França uma tentativa de participação política pelas mulheres que integravam o povo revolucionário, porém, o Comitê de Segurança Geral temia que sua performance, que envolvia desde o vestuário até as atitudes, pudesse masculinizá-las, e os homens se sentiam ameaçados com essa redefinição de espaço social entre os sexos.

Os homens temiam especialmente que as líderes de associações que pretendiam projetar as mulheres privadas nas ações políticas não fossem donas de casa, mães de família ou moças inocentes que cuidavam dos irmãozinhos menores, e sim jovens emancipadas de modos e gestos livres – espécies de aventureiras.

A consequência foi o decreto de 1793 que pôs fim às atitudes patrióticas das mulheres, ou seja, os deputados decretaram o fechamento das associações femininas. Estas foram suprimidas porque iam justamente contra a "ordem natural" que identificava a mulher: a família.

No entanto, a Igreja passou por uma transição entre os conflitos das intromissões com o novo Estado, e as mulheres passaram a ser os pilares da Igreja, constituindo a estrutura durável da religiosidade praticante. Há, portanto, nesse período na França, um envolvimento e uma dedicação muito maior das mulheres para com a Igreja, até mesmo por manter a moral e os bons costumes. Mas era o Estado que assumia o controle do estado civil e substituiu a Igreja como autoridade máxima nas questões da vida familiar. Foi mostrada, por meio do Código Civil, uma preocupação bem menor com os cidadãos, especialmente as mulheres, no que diz respeito às leis do divórcio, aumentando os poderes paternos. Todavia, o Estado limitou o controle da família ou da Igreja sobre os indivíduos a fim de ampliar seu próprio controle.

Fig. 01 - Edgar Degas: *A família Bellelli*, 1858-60. Paris, Museu d'Orsay.

A família significava dignidade para os cidadãos, e o princípio dessa instituição era justamente vivido pela mulher. A concepção da mesma, talhada especialmente para o privado, é sempre presente nos discursos intelectuais; houve até um tratado por parte de Pierre Roussel[9] que se tornou uma referência no discurso sobre a mulher. Ele a identificava por sua sexualida-

---

[9] Sobre a Revolução, Pierre ROUSSEL escreveu, para o *La Décade Philosophique*, sobre a impotência das mulheres.

de e seu corpo, enquanto o homem, por seu espírito e energia. O útero definia e determinava o comportamento emocional e moral da mulher.

O dimorfismo[10] sexual prevalece no que diz respeito à fragilidade do corpo feminino: sua natureza sensível é admirada pelos homens. A percepção de seu corpo é de que seu esqueleto é pouco desenvolvido, com mãos e pés pequenos; mas esse corpo também deve informar sobre as funções naturais da reprodutora: as ancas deveriam ser redondas.

Roussel escreveu algumas vezes, em *A Década Filosófica*, um jornal "ideológico" da época, sugerindo algo para o pensamento de que os homens eram biologicamente fortes, empreendedores, e as mulheres eram fracas, tímidas e apagadas. Ele e seus amigos, que também escreviam para esse jornal e compartilhavam da mesma opinião, desenvolveram dois volumes fundamentados na nova ciência da antropologia moral, dedicados à "História Natural da Mulher", cujo comentário confirma a definição para a cultura feminina: "[...]macho é macho apenas em certos momentos, mas fêmea é fêmea durante toda a sua vida [...]"[11]

Nesse período oitocentista, a mulher imbuiu-se e manteve-se restrita à esfera privada, como jamais visto. Mas a Revolução impulsionou essa evolução decisiva das relações entre os sexos e da concepção da família. As mulheres estavam associadas ao "interior", ao "privado", não apenas pelo fato da industrialização estar ligada a uma redefinição burguesa.

Em meados do século XIX, as características principais da cultura feminina estão estruturadas ao sólido ambiente familiar acolhedor, com filhos bem educados e esposa dedicada ao marido:

---

[10] Não se costuma dizer que o ser humano apresente dimorfismo sexual, pois as diferenças morfológicas entre os dois gêneros estão ligadas à presença de glândulas mamárias e quadris largos na mulher, próprios para a reprodução. Essas diferenças ocorrem mais acentuadamente em outras espécies, sejam animais ou vegetais.

[11] PERROT, Michelle. *História da vida privada. Da Revolução Francesa à Primeira Guerra*. Vol. 4. São Paulo: Companhia das Letras, 1991.

> [...] É reforçada cada vez mais a ideia da mulher como um código de status do homem, ele detinha o poder, mas dependia da mulher no que diz respeito à tradução de sua imagem, a ela cabia a missão de elevar seu nível [...]"[12]

A domesticidade é algo que se instaura no modelo familiar burguês. A mulher deveria ter dotes e préstimos para também contrair um bom casamento, saber administrar bem o lar e vir de um berço em que demonstrasse ter adquirido ensinamentos da prática em família, pois isso também significava ser bem nascida. Bordar em bastidor, tocar piano, cantar em apresentações de saraus familiares, ser paciente com os pequenos, para garantir que será boa mãe, deveriam ser verificados como predicados para se alcançar o bom marido.

Fig. 02 - Flagrante de adultério, 1885. Paris, Biblioteca Nacional.

As boas maneiras da mulher junto à sua maneira de vestir, de produzir uma determinada aparência, deveriam ser exteriorizadas. Isso somava pontos para que o homem, em situações sociais, fizesse sua promoção pessoal perante a sociedade. Afinal, a família não representa apenas um patrimônio, como também um capital simbólico. A honra não devia ser manchada, pois certamente comprometeria a boa reputação da família e, particularmente, a do chefe da mesma. A fraqueza sexual representava

---

[12] DEL PRIORE, 2001, p. 225

uma falência maior do que qualquer outra. O nascimento de filhos bastardos é censurado rigidamente; porém, quem ficava do lado da desonra e vergonha eram as mulheres.

Parece ser impossível reprimir a fantasia feminina de que a rígida educação católica tentava se valer, controlando sua sexualidade com ensinamentos religiosos e visitas à igreja. A sociabilidade mariana, os rosários nos quais as mulheres mais velhas incluíam as mais novas e as congregações de Filhas de Maria produziam um exercício de constante vigilância à virgindade das jovens.

Todo esse cuidado excessivo com a moral e os bons modos impediram as mulheres de frequentar universidades, assim como seguir uma profissão (exceto a carreira do magistério), e jamais viajavam sem que fossem acompanhadas. Nesse momento, algumas práticas alimentavam sua introspecção e lhe faziam companhia, como o piano e o livro, que as ajudavam a se distrair e se distanciar um pouco da clausura. O piano era um companheiro e, além de tudo, tido como móvel de respeito e elegância em toda casa burguesa. A moda do instrumento se iniciara em 1815, quando a burguesia ainda não havia se expandido. Os romances do século XIX mostram claramente esse tipo de vida. Eça de Queirós e Machado de Assis são bons exemplos disso.

Tocar bem piano contribui para uma educação polida, além da virtude de representar um dote musical estético para o mercado do matrimônio. O instrumento revela-se um amigo confidente e fiel, pois, com o teclado, a jovem estabelecia um diálogo amoroso. Era seu refúgio solitário: com ele, todas as queixas eram permitidas.

O estereótipo literário da boa mulher, por meio dessa prática, também se refere à condição feminina: presa ao instrumento, onde o dedilhar obtém, no imaginário masculino, a imagem figurada da mulher sonhadora que se oferece aos desejos de seu dono.

Fig. 03 - Pierre-Auguste Renoir: *Ao piano*, 1892, *Musée de l'Orangerie*, Paris.

Na Paris da Restauração, instauram-se os gabinetes de leitura: por empréstimo de volumes ou assinatura, é possível então fazer a locação dos livros, já que estes custavam muito caro na primeira metade do século XIX. Ao contrário do piano, que pela melodia traz o devaneio e o delírio, o livro é um passatempo silencioso de prazer solitário. Porém, por meio da literatura romanesca decente, possibilita-se às jovens uma pitada de "informação", fazendo-as deixarem de ser tão inocentes.

Até as moças que não tinham leitura eram ávidas por ouvir histórias românticas de amor. Além de moças mais simples iletradas, havia as prostitutas[13], as quais, quando tinham acesso a algum livro que lhes era lido, podiam também sonhar com a possibilidade de deixar a vida mundana e ter um "príncipe encantado".

Segundo Alain Corbin[14], os historiadores da literatura do século XIX registraram a importância da janela nas represen-

---

[13] As mulheres de classe média-baixa podiam trabalhar em hospedarias e hotéis, ser vendedoras, governantas ou professoras, além de fazer parte de ordens religiosas. As de classe baixa podiam ser empregadas domésticas, costureiras, lavadeiras, trabalhar em fábricas, minas e fazendas, dentre diversas outras pequenas ocupações. Àquelas sem emprego, restava mendigar ou se prostituir.

[14] PERROT, Michelle. *História da vida privada. Da Revolução Francesa à Primeira Guerra*. Vol. 4. São Paulo: Companhia das Letras, 1991.

tações da sensibilidade feminina. Ao fazer sua leitura à luz de uma janela, obtém-se um certo contato com o mundo externo. É comum a existência de pinturas do período que revelavam a mulher na fronteira do mundo enclausurado, na ilusão de pertencer ao mundo participativo externo.

Fig. 04 - Edmond de Grimbergh: *Melancolia*, Salão de 1895.

A solidão e a melancolia, muitas vezes, levaram muitas dessas solitárias criaturas à "vocação" religiosa e altruísta na função de enfermeiras, assistentes sociais e professoras. Já as mulheres que optavam pela solteirice não eram bem vistas, pois essa conduta apontava para uma lastimável condição de reprovação e desconfiança. A mulher, quando criança, estava na proteção de seus pais no seio da família e, quando adulta, estaria na segurança e obediência ao marido. A assistência aos pais idosos, geralmente, ficava a cargo da filha mais nova, embora haja também relatos de filhas mais velhas educadas tão-somente para cuidar dos pais. A viuvez, ligada à longevidade feminina, também era um fato a se considerar e, dificilmente, uma viúva contraía novas núpcias. Na verdade, o que ocorria era que as mulheres se casavam muito jovens, e os maridos eram bem mais velhos do que elas, daí o fato de ficarem viúvas em breve tempo. Portanto, ao que parece, não havia longevidade alguma, porque elas morriam também com pouca idade.

Na infância, a confidência ocorria com a boneca, que, na primeira metade do século XIX, tinha aspecto de mocinha; as bonecas francesas obedeciam aos cânones da beleza vigente, tinham cintura fina, quadril largo e roupas de acordo com as tendências da moda. O enxoval das bonecas era bastante rico e diversificado, e hierarquicamente a escolha conscientizava sobre a identidade social.

Fig. 05 - André Henri-Dargelas: *A família feliz*. Wolverhamppton Art Library.

A escolha da boneca, que acompanhava as meninas em seus passeios, permitia a confidência; todavia, há uma considerável mudança de papéis por volta de 1855, quando esses brinquedos assumem formas de bebês, e a menina conscientiza-se sobre o aprendizado materno.

A partir de 1830, as damas da boa sociedade têm permissão para reservar uma tarde da semana para visitar ou receber visitas em casa, encontrarem-se nas casas de chá ou confeitarias, espaços doces e excitantes em virtude da possibilidade de dividir um território também frequentado pelo sexo oposto.

A deselegância da demora não era permitida às mulheres, ou seja, elas deviam ser breves, não permanecendo muito tempo nesses locais. A questão de estarem expostas corriqueiramente nos espaços públicos representava inconveniente para sua reputação, em detrimento de serem também percebidas publicamente.

O camarote da ópera ou teatro é, no entanto, um espaço público que mantém as características reservadas do espaço privado – necessidade para se atender às regras de boa conduta para as damas. O camarote representa proteção à mulher, local em que ela não está livremente exposta, como na plateia. Se isso ocorresse, ela deveria estar na companhia do pai, marido, irmão ou de outro parente.

Os saraus eram outra atividade permitida às mulheres. Também podiam ser realizados nos salões das casas, onde ocorriam concertos, espetáculos e bailes. A burguesia reunia um grupo de convidados seletos para essas ocasiões. Cada festividade fazia parte de um mundo onírico para as moças, já que representava a transição entre o real e tudo o que podia ser idealizado por elas. Observa-se, de acordo com os estudos históricos que retratam a época, que esse era o momento em que as mulheres platonicamente criavam situações, se imaginavam sendo percebidas pelo sexo oposto, conduzidas à dança (onde ficavam tão próximas fisicamente dos homens), tendo as mãos (mesmo que revestidas por luvas) tocadas pela presença masculina. Nos locais públicos, fossem teatros, salões de baile, casas de chá, no caminho de volta da missa para casa ou ainda em um passeio ao parque (mesmo que sempre acompanhadas), sua manifestação de aproximação em relação ao sexo masculino se fazia mediada pelo vestuário.

A sociabilidade, na ocasião do baile, criava também entre as convidadas a competição dentro do próprio gênero, ou seja, mulheres competiam com mulheres no requinte dos trajes, na docilidade dos gestos. Havia quase uma performance no mover-se diante dos olhares, como podemos perceber na descrição abaixo:

> [...] As capas escuras, não raro com imensos capuzes, escondiam de maneira pudica e impenetrável os corpos das mulheres; no entanto, ao chegarem ao recinto, em especial na chapelaria, os capuzes caíam e revelavam o esplendor de cabelos cuidadosamente esculpidos e ricamente enfeitados; a pele alva e as joias brilhavam à luz tremulante das velas, mas a performance estava apenas começando, já que, ao desatarem o laço do pescoço e retirarem a escura capa, a luminosidade clara de seus vestidos contrastava com o forro vibrante da capa e, como uma fruta aberta ao meio, revelava-se colorida, brilhante e sedutora. A casca é deixada na entrada e somente o saboroso e doce vestido adentrava as salas de concerto, os salões de baile, os camarotes dos teatros [...]"[15]

A roupa ocupa papel fundamental na comunicação subjetiva reprimida, pois é por meio dela que existe um diálogo da mulher com o mundo exterior. As mulheres estavam em dupla prisão: ficavam trancadas em um espaço privado e, também, em suas roupas, verdadeiras embalagens de tortura, cujo exemplo mais significativo é a roupa interna, composta por espartilhos e saiotes. O diálogo da mulher se fazia pelas roupas e pelo código da sociedade patriarcal: ela precisa ser tola, impotente e bela e, assim, se tornar o objeto máximo de consumo. Percebe-se a figura da mulher vestida tanto como sujeito quanto como objeto.

Essas sinalizações, que proporcionavam mensagens por meio desse corpo social, estabeleciam uma relação de comunicação com os transeuntes: sua dedicação ao ornamento atingia o grau de felicidade em ser percebida no mundo.

Na segunda metade do século, com a expansão industrial,

---

[15] SANT'ANNA , Patricia. *Moda no século XIX*. São Paulo: aula proferida na Universidade Anhembi-Morumbi, Curso de Moda, 19 de setembro de 2008 [comunicação viva].

as roupas prontas e outros produtos eram também vendidos nos magazines surgidos em Paris, como o *Le Bon Marché*, que permitiram o consumo do vestuário pronto e de cortes de tecidos luxuosos. Porém, a alta-costura se instala nesse momento, disputando o valor da roupa como obra de arte, com direito a ser assinada. O sociólogo francês Gilles Lipovetsky[16] faz referência às mudanças na representação social da moda, que conferiu a esta uma nova dignidade.

Fig. 06 - Le Bon Marché (Coleção *Sirot-Angel*)

A roupa e a moda passaram a possuir uma renovada importância também nos textos literários, no sentido de erguer as cortinas da superficialidade volátil e enriquecer características, sendo minuciosamente descritas por Baudelaire, Balzac, Gustave Flaubert e, mais tarde, por Marcel Proust.

À roupa era transmitido o mais secreto anseio em sua frágil e submissa atitude: dentro do próprio espaço privado, a mulher se preparava para o olhar dos outros; ali se configurava a apresentação em função das imagens sociais do corpo.

> [...] entendemos o corpo humano como uma estrutura linguageira que o ser humano arranja, decora e ornamenta, por meio das relações combinatórias entre significantes diversos. O encadeamento das combina-

---

[16] LIPOVETSKY, Gilles. *O Império do Efêmero*. São Paulo: Cia. das Letras, 1989.

tórias forma um texto e, consequentemente, um discurso que se manifesta nas interações. Nele o corpo pode ser tanto sujeito da ação como objeto [...] [17]

Fig. 07 - J. Béraud: Festa de fim de tarde oferecida pelos Caillebothes, 1878. Collection Comtesse Balny d'Avricourt

O corpo feminino se encontrava então em um momento de grande destaque. A mulher desfrutava, além dos lazeres citados acima, das visitas às exposições, leilões, magazines, que lhe permitiram o prazer e o privilégio de se exibir socialmente.

O corpo vestido para as ocasiões sociais era muito diferenciado, pois havia um nítido contraste entre a roupa diária e a roupa de festa: enquanto a roupa do dia a dia cobria a mulher, das pernas aos braços e pescoço, as destinadas a festas despiam-lhe o colo, os braços e definiam sua cintura e ancas com as elaboradas saias.

A estratégia das aparências do traje social, dentro do relevante valor burguês da época, mesmo que escondendo e revelando diferentes partes do corpo com a produção cuidadosa do vestuário, revelava uma carga hipertrófica do imaginário erótico, que traduz, a despeito de cobrir-se, o revelar-se por meio, tanto da vestimenta invisível (saiotes, corpetes e lingeries) que valoriza a nudez, como do traje final, que era arquitetonicamente criado para acentuar-lhe os atributos físicos.

[17] CASTILHO, 2004, p. 71.

Fig.08 - *Diante do Espelho*, 1890. Paris, Biblioteca das Artes Decorativas.

Esse estereótipo de criatura inofensiva, mas, ainda assim, presa, criado por meio dos artifícios e estratégias do traje, traduz também outra possibilidade para compreender o corpo feminino vestido da época: pode-se entendê-lo como paisagem visual, vislumbre para contemplação e estímulo às fantasias masculinas. A mulher evidencia e amplia em seu corpo as referências de seu papel de progenitora, decorrente das formas arredondadas dadas ao seu quadril e traseiro, remontando às ancestrais representações da mulher de ancas enormes que, de fato, simbolizavam a fertilidade.

A roupa exerce então a expressão de subjetividade reprimida na comunicação da mulher com o mundo. As roupas muitas vezes falavam por elas, ou, muito antes delas, exprimindo seus sentimentos mais secretos quando em público.

CAPÍTULO 2

O corpo feminino esculpido pela roupagem

O decorrer do século XIX trouxe numerosas mudanças para a forma das roupas, conforme apresentamos no capítulo anterior: elas representaram uma grande importância na contextualização comportamental e trouxeram paradoxais curiosidades. Os aspectos sociais que foram mencionados produziram um novo olhar sobre as características dos trajes femininos, bem como uma nova percepção estética de seu corpo.

O enfoque principal sobre o traje, neste capítulo, tratará especialmente da peça do vestuário que mais bem define a mulher: a saia. A rigor, o que diferencia a mulher do homem por meio das roupas são calças e saias. O século XIX, sendo dominado pelo universo masculino, traduziu nas roupas um regime de autoridade, quando o seu prestígio era dado e reconhecido especialmente pelas calças, enquanto as saias dos vestidos, sobretudo armadas, eram, por sua vez, sinônimo de feminilidade.

Fig. 09 - Paris, Biblioteca das Artes Decorativas.

Portanto, trataremos da história da indumentária no século XIX em alguns de seus aspectos relacionados com as questões sociológicas que envolvem a mulher (tratadas no primeiro capítulo), enfocando especialmente as formas e volumes adquiridos pelas saias no decorrer do período e todo elemento de indumentária que implique sua estética.

Sabe-se que, em maio de 1794, a Convenção Nacional solicitou ao pintor Jacques-Louis David que apresentasse sugestões para os uniformes civis e oficiais. Suas pranchas com os desenhos dos trajes possuíam características da Antiguidade, Renascença e também de figurinos de teatro. Como não obtiveram muito sucesso, logo a Sociedade Popular e Republicana das Artes solicitou trajes que realmente ilustrassem a liberdade. Como se chegaria à liberdade se a distinção social continuava a se manifestar no vestuário?

> [...] o porta-voz do Comitê de Salvação Pública contrapunha as virtudes da república aos vícios da monarquia: Em nosso país queremos substituir o egoísmo pela moral, a honra pela probidade, os usos pelos princípios, as conveniências pelos deveres, a tirania da moda pela razão, o desprezo à desgraça pelo desprezo ao vício, a insolência pelo orgulho, a vaidade pela grandeza da alma, o amor ao dinheiro pelo amor à glória, a boa companhia pelas boas pessoas, a intriga pelo mérito, o espirituoso pelo gênio, o brilho pela verdade, o tédio da volúpia pelo encanto da felicidade, a mesquinharia dos grandes pela grandeza do homem..."[18]

Em verdade, a Revolução Francesa contribuiu para diminuir as peças de roupa e deixar a indumentária mais solta. O resultado foi a imagem da mulher mais próxima às dimensões reais de sua morfologia. Adotou-se uma linha que não estruturava com as formas do corpo, sendo que outrora os corpetes,

---

[18] ARIÈS; DUBY, 1991, p. 23

paniers[19] e *petticoats*[20] metamorfosearam e redefiniram toda a estrutura e proporção do corpo feminino, além de todos os exageros que foram erradicados com o estilo Diretório, que virá na época seguinte. A nova mulher republicana usava longas *chemises*[21], que pareciam camisolas flutuantes, inspiradas nas vestes da Antiguidade Clássica, como eram utilizadas pelas mulheres gregas.

O corpo estava sendo então esculpido pelos novos paradigmas: a silhueta contemplava a simplicidade. Mas a simplicidade das túnicas, que repudiavam os valores nobres, não durou muito, pois, a fim de expandir a produção têxtil, Napoleão Bonaparte rendeu-se ao gosto pelas frivolidades, também interessado em manter o poder de aquisição do país, de maneira a impedir a Inglaterra de estender seu domínio industrial.

Levado pela ambição de fundar uma nova dinastia, sem falar no desejo de dar incremento à indústria francesa, Napoleão impôs um novo luxo à corte, semelhante ao adotado por Luís XIV, o rei-sol. O famoso estilo chamado "Império" foi inaugurado com a coroação de Napoleão e Josefina. Nesse período, Mademoiselle Rose Bertin, ex-modista de Maria Antonieta, havia deixado a capital, refugiando-se em Viena. Por isso, a imperatriz Josefina contratou um novo costureiro, Monsieur Leroy.

Depois de um quarto de século de corpo delgado e longilíneo causado por uma silhueta mais vertical, a cintura retoma o lugar e, consequentemente, o espartilho volta ainda mais justo, fazendo com que as saias parecessem mais amplas e o quadril, mais largo. As mangas se afofaram, oferecendo primazia à cintura e ao quadril. Por volta de 1822, as saias se encurtam, tomando forma de sino, mais armadas, e as mangas ficam mais fofas, provocando maior destaque ainda. Porém, paradoxalmente, acentuavam a impressão de fragilidade da figura feminina.

---

[19] *Panier*: palavra francesa que significa "cesto de pães". Por comparação, passou a significar as armações usadas sob as saias do século XVIII, cujo volume evidenciava o quadril.
[20] *Petticoats*: palavra inglesa que significa "anágua", saia usada sob a veste, graças à larga fenda frontal permitia poder vê-la. Também chamados de *underskirts*.
[21] *Chemises* eram camisolões usados como roupa íntima.

Fig. 10 - Instituto de Indumentária de Kioto, 1835-38.

Na década seguinte, outros elementos complementam a indumentária, como o chapéu, o leque e o guarda-sol; percebem-se esses objetos como formas de equilíbrio para a estética das roupas. Os chapéus, chamados de pala ou boneca, eram amarrados no pescoço com acabamento em laço, cuja aba impedia quem os usasse de ver o mundo, conferindo recato.

Houve o retorno do uso de tecidos luxuosos, como veludos, tafetás e até peles; já que, no período da Revolução Francesa, o luxo havia sido abominado em detrimento do novo espírito republicano, permitindo apenas o uso de algodão e linho. A utilização de tecidos como tafetá causava um efeito mais armado para as saias dos vestidos, enquanto a leveza do algodão do início do século não proporcionava volumes.

Um estudioso de moda afirma:

> Com o fim do Império, embora com alguns anos de atraso, também o vestuário mudou, e houve o cuidado de vestir o corpo feminino, aprisionando-o no espartilho, sobrecarregando-o de peças de vestuário (MARTINS,1965, p. 226).

Fig. 11 – Paris, *Musée de la Mode et du Textile*.

Com essa afirmação, pode-se logo perceber que, por muito pouco tempo, as mulheres adotaram trajes simples e desprovidos de agentes transformadores corporais, pois logo o corpo feminino recebeu novas "armaduras".

Assim, a cintura se tornava sempre mais estreita e o espartilho estrangulava a cintura mais e mais, tornando os volumes das saias maiores ainda, conferindo ao corpo feminino a forma de uma clepsidra. As meninas deviam entrar nesse processo de transformação: desde pequenas, tinham de aprender que, para serem aceitas nos padrões vigentes, deveriam ser submetidas às torturas da moda. Vários anúncios de espartilhos aconselhavam as mães a deitarem suas filhas de costas no chão para poderem ajustar melhor os cadarços desse acessório.

Fig. 12 - *Corset anglais gansé et promenette pour enfant*, La Samaritaine, 1907.

A respeito desse assunto, Fontanel afirma:

> [...] em 1857, Charles Dubois publica um livro cujo título parece um compêndio de boa moral, considerações sobre cinco calamidades públicas: o abuso do espartilho, o uso do tabaco, a paixão pelo jogo, o abuso de licores fortes e a agiotagem. É verdade que na época as mães insistiam com suas filhas: Você jamais fará um bom casamento se não apertar a cintura [...]" [22]

As saias e subsaias alargaram-se, duplicaram-se, ornaram-se de franzidos, pregueados e babados. Porém, suas anáguas ainda não tinham recebido um tratamento tão elaborado, eram confeccionadas em linho engomado e ficavam dispostas em várias camadas. O *chintz* indiano, que já tinha sido bastante utilizado no século XVII, retorna devido à sua popularidade e contribuição à indústria de estamparia na Europa Ocidental, que já era próspera devido à Revolução Industrial.

Em meados de 1830, os vestidos confeccionados nesse material estavam muito em moda. As armações eram produzidas devido à textura encorpada do tecido, que contribuía para sustentar as saias dos vestidos, ricas em estampas de florais, cerejas, framboesas, listras, arabescos e xadrezes (o xadrez escocês era decorrente da voga causada pelo uso da escritora Amy Robsart ou das heroínas dos romances de Walter Scott). As estampas se faziam sobre o fundo branco, tornando ainda mais volumosa a área da saia, assim como ocorre quando usamos as cores claras.

A mentalidade do Romantismo (1830-1850) vislumbrava uma fuga à realidade humanística, em que prevalecia a imaginação ao espírito crítico. Era a época dos contos de fadas, da música lírica de Schumman, Schubert, Liszt e Chopin. A Europa e a América do Norte eram muito prósperas nessa época.

Na década de 1840, as mangas exageradas desaparece-

---

[22] FONTANEL, 1998, p. 61.

ram do panorama da moda, e as saias se tornaram maiores, com camadas de anáguas. A cintura foi se estreitando como a das vespinhas. No princípio da década de 1850, surgiram as primeiras crinolinas[23], feitas de crina de cavalo, que inutilizaram as várias camadas de anáguas. Tão breve se percebe, no corpinho dos vestidos, um bico central, que permitia aos franzidos conferirem um arredondamento maior às ancas, e tecidos como organdi e tafetá possuíam texturas que facilitavam o efeito dos volumes.

Fig. 13 - Instituto de Indumentária de Kioto.

A crinolina pertence a um momento especial na história da moda, pois ela ensejou diversas analogias e, pela forma e volume que adquiriu, suas proporções chegaram a tamanhos inacreditáveis.

Nessa época, as crianças começaram a ter vestuários próprios e mais práticos. Essa forma de se pensar a moda já havia sido iniciada no século XVIII, com François Marie-Arouet Voltaire, com o racionalismo, e Jean-Jacques Rousseau, que defendia o conceito de simplicidade por meio do "retorno à natureza". A

---

[23] Crinolina foi o nome dado às anáguas mais satirizadas no século XIX. Elas receberam esse nome por serem beneficiadas da própria crina de cavalo, produzindo um aspecto bem engomado no tecido, que foi muito utilizado também para chapelaria. A crinolina, também conhecida por *cage* (gaiola em inglês e em francês), foi mais tarde confeccionada com arcos de metal e barbatanas de baleia, e tinha uma aparência de gaiola.

partir dessas ideias, surgiram criações com o objetivo de tornar as roupas infantis mais confortáveis, portanto, as meninas usaram apenas as primeiras modalidades da crinolina.

Em meados da década de 1850, surgiu uma inovadora crinolina de armação, construída à base de oito arcos de metal ou de barbatanas de baleia. A repercussão foram os volumes incríveis que ampliaram a proporção dessas saias, que pareciam verdadeiras gaiolas ou jaulas, e que passaram a representar então um grande inconveniente na locomoção das mulheres, que mal podiam passar por uma porta ou, ainda, que ocasionalmente passavam pelo ridículo de ter a crinolina e a saia toda levantada, virando ao contrário, como um guarda-chuva. Nesse momento, surgiu a calçola de algodão e renda como forma de prevenção ou as *pantalettes*, que anteriormente eram só usadas pelas meninas.

> [...] etimologicamente, o termo era mais correto do que quando foi aplicado aos arcos de aço das décadas de 1850 e 1860, por que crin é a palavra francesa para crina, e esse era o material de que as primeiras crinolinas eram feitas [...][24]

As crinolinas eram também denominadas de *merinaque*, termo que vem do espanhol *meriñaque*, que o *Diccionario de la Real Academia* define como: "Zagalejo interior de tela rígida o muy almidonada y a veces con aros, que usaron las mujeres." O vocábulo teve uso corrente em Portugal.

Cage, que, como explicamos, traduzido do inglês, significa "gaiola", foi literalmente um substantivo adjetivado que tão bem cabia às mulheres da época, pois seu uso, de fato, tornava impossível uma atividade mais dinâmica. As mulheres tinham, então, de confinar seus corpos à prisão. Houve até um pintor nesse momento, Xavier Winterhalter, que ficou conhecido como o pintor de mulheres usando crinolinas.

[24] LAVER, 1989, p. 174.

Fig. 14 - François- Xavier Winterhalter: *La Duchesse d´Aumale*.1846. *Musée Nacional du Château*, Versailles.

As convenções da moda da época estavam muito influenciadas pelo Romantismo, que estimulava as imaginações e os impulsos românticos, fomentados por um gosto pelo mundo histórico e exótico. Exigia-se que a mulher fosse delicada e melancólica. O centro das atenções passara da vida real para um mundo de fantasia inspirado nos estilos cavaleirescos medievais dos contos de fadas.

Os bailados românticos de Taglioni, de Fanny Essler, os poemas de Alfred de Musset e a música de Chopin fizeram palpitar corações. A literatura começou a se interessar pela moda e os romancistas se interessaram pelos vestidos, detalhando as características das roupas.

Assim como a marca do Primeiro Império na França se deu com os vestidos de cintura alta, o Segundo Império foi marcado pelas crinolinas. A Imperatriz Eugênia, grande nome que representava a elegância da época, foi bastante copiada pelas mulheres, não apenas em seus trajes, mas em seu comportamento e atitude, admirada por todas. Afinal, seus gestos revelavam a postura que toda dama burguesa deveria ter; mas, além disso, havia uma identificação e afinidade à sua resignação.

> [...] poucos conheceram a sua bondade, que se traduziu em numerosas obras benéficas, a sua devoção (pontual à missa, mas não beata), os sofrimentos do seu coração materno pela perda prematura do único filho, pela infidelidade do imperador [...][25]

Alguns acessórios da indumentária contribuíram para tornar a dama mais discreta: além do chapéu, o xale fazia parte do invólucro da mulher burguesa, pois o chapéu dificultava identificá-la, em virtude das dimensões de aba, pela qual só se poderia saber de quem se tratava quando a pessoa fosse vista de frente; e o xale representou uma grande paixão para as mulheres, pois esse objeto também servia para cobrir o colo (único lugar exposto em festas). Essa peça do vestuário foi bastante satirizada por Balzac em seus romances.

Qualquer atividade realizada com as crinolinas levava as mulheres à fadiga. Somados ao uso do espartilho, era muito comum elas terem desmaios, falta de ar, inapetência, ficavam sempre pálidas e com aspecto doentio. O desdém por se alimentarem até instigou Balzac a desenvolver sua *Nouvelle théorie du déjeuner* ("Nova teoria do almoço"). Porém, esse estereótipo virou padrão de beleza na época, fazendo com que as jovens utilizassem açafrão e tinta para obterem olheiras azuladas.

A bela mulher devia ter a tez alva, que possibilitava até ver suas veias azuladas. O ruge havia sido abolido em troca da palidez, que levou muitas mulheres a beberem vinagre para se enquadrar na tendência da moda. As jovens coradas e de "saúde de ferro", na maior parte das vezes, eram as camponesas e operárias, tidas como grosseiras.

Esses atributos dos trajes, além dos inconvenientes, eram estranhos, pois estamos tratando de uma época em que já se presenciava o surgimento das ferrovias, da iluminação a gás, dos motores elétricos, do gramofone, da máquina de escrever, da máquina de costura, dos automóveis e de uma série de le-

[25] MARTINS ,1965, p. 234.

vantes sociais, signos da tecnologia e dos avanços da vida moderna. Porém, o pudor reinava incontestavelmente: prova disso eram as saias, que iam até o chão, sem que permitissem que os sapatos fossem vistos.

Nesse universo, entretanto, surge a figura da *lionne* ("leoa"), que simbolizava a rebelião das mulheres às maneiras impostas. Uma lionne era caracterizada com "chicote e pistola". Era uma mulher que cavalgava, bebia e fumava, porém, vestia-se com primor, era vaidosa e até coquete[26].

Nesse período do romantismo inglês, revistas como *Harper´s Bazaar, Ladies Home Journal, Journal des Dames e Fashion Plates* traziam modelos variados de roupas para todas as ocasiões, dentre eles modelos dos trajes dedicados às novas práticas de lazer da burguesia. Nas roupas de equitação para as mulheres, as características eram masculinizadas na parte superior, porém, eram incontestavelmente femininas da cintura para baixo, ou seja, as montadoras usavam saias. Mesmo que inconvenientemente, jamais usariam roupa bifurcada nessa época. Muitas estátuas da rainha Vitória mostravam a saia volumosa e longa que, mesmo quando assentada na sela, ia até o chão.

Paulatinamente, foi percebido na América do Norte um movimento de contrariedade a respeito dos trajes femininos, principalmente quando a crinolina se tornou tão evidente. Essa contestação por um traje mais racional foi especialmente liderada por Amelia Bloomer.

Bloomer foi à Europa pregar suas ideias e tentar convencer as mulheres de que poderiam se vestir de maneira mais confortável, sem deixar de ser femininas. Porém, o traje proposto, que consistia de um vestido solto abaixo dos joelhos, usado com calças afofadas até o tornozelo, foi hostilizado, pois a so-

---

[26] "A coquetterie é uma atitude religiosa, ou seja, a elaboração de ritos em que se exalta o fútil. Mas a frivolidade deixa revelar a essência: a paixão pelo pormenor exprime o desregramento do amor e do ódio – e é o excesso que acaba por nos fazer sorrir." (N´DIAYE, Catherine. La Coquetterie ou la passion du détail. Lisboa: Edições 70, 1987).

ciedade patriarcal repudiava qualquer tentativa de mudança nos valores estabelecidos.

As mulheres da época estavam empenhadas em usar calças. Havia um caráter libertador nessa ação, todavia, o fracasso foi total. Algumas mulheres emancipadas resistiram e usaram as calças *Bloomer*, mas formaram uma minoria, pois as classes altas não ousaram aderir ao novo hábito. As tentativas de mudança não poderiam ter escolhido período pior, pois o período vitoriano foi o de maior dominação masculina, e aquela revolução cultural não vingaria.

Há uma analogia feita por Laver, comparando também a dimensão das crinolinas com a prosperidade material e expansionista. A mesma também afastava qualquer indivíduo que desejasse ser mais próximo ou íntimo de uma mulher, pois criava uma esfera que distanciava qualquer aproximação. Instalava-se um território impenetrável, inviolável.

O ritual de se vestir era uma tarefa longa e exaustiva que não poderia ser executada apenas pela dama. Era necessário contar com o auxílio de criadas ou ajudantes.

Fig. 15 - *The Fitting*, 1865. Copyright da foto: James Laver.

A forma da crinolina variou muito: além de redonda, podia ser oval, plana na frente, cônica; com ou sem cordão para erguer a roupagem. Para que pudessem parecer ainda maiores nas ruas, nos salões e nos teatros, foram acrescentadas a elas fitas, flores, babados e rendas.

A indústria têxtil francesa e, mais concretamente, o mercado de seda de Lyon se beneficiaram ao máximo com esse

Moda e arte na reinvenção do corpo feminino do século XIX

incremento e com a demanda de tecidos necessários para as proporções dos vestidos nesse período. Napoleão III apoiou a indústria têxtil como parte de sua estratégia política, e a burguesia francesa dela usufruiu. A máquina de costura, inventada pelo norte-americano Isaac Merrit Singer, introduziu importantes melhoras a partir de 1851, demonstrando que poderiam ser confeccionadas peças de roupa com um rendimento mais rápido. Esse fato logo se propagou por toda a indústria da moda. Na França, as primeiras peças produzidas em série eram econômicas e imprecisas nas medidas. Em contraste com essa indústria crescente de roupa feminina funcional, surgiu um mercado novo, chamado *haute couture* (alta-costura), que se mostrou também bastante próspero.

O sucesso da alta-costura se deu especialmente com a chegada do costureiro inglês Charles Frederic Worth, que estabeleceu sua *maison* em Paris, em 1857, e introduziu a prática de lançar suas coleções desenhadas a cada estação, além de criar um sistema de atendimento bastante inovador para as mulheres. Como a figura do costureiro ainda era tida como de um humilde profissional que oferecia seus serviços, Worth revolucionou esse personagem, criando uma analogia dos costureiros com os pintores da época, associando a roupa de alta-costura ao objeto exclusivo de obra de arte, com direito a ser assinada tal como uma tela.

> "...dessa maneira, entrou para a moda o prestígio do artista, o criador de moda, que exteriorizava seu gosto e suas vontades no processo da elaboração das roupas, dando o aval de seu prestígio ao assinar sua criação..." (BRAGA, 2004, p. 64)

Uma de suas inovações foi criar seus modelos para sua esposa Marie, que acabou introduzindo também o conceito de modelo ou manequim vivo que exibia as roupas no próprio corpo e em movimento. Worth representou muito para a história da moda no século XIX: foi responsável por criar as roupas mais elegantes para as mulheres mais importantes do período, como a imperatriz Eugênia.

O costureiro ainda criou vários vestidos com crinolina, afinal, essa anágua foi usada por pelo menos quinze anos. Por volta de 1860, o volume das saias começou a se deslocar para trás, deixando a frente do corpo reta, sendo então chamada de anquinha[27]. Essa foi a marca da moda feminina do Segundo Império e terminou junto com ele.

A anquinha ou *cul de Paris* ("bunda de Paris") recebia um volume que dava ênfase à região glútea, criando uma protuberância visível, complementada com a cauda do vestido, que passa a ser mais comprida. Na década de 1870, as anquinhas desapareceram, enquanto os vestidos apresentavam uma série de babados e detalhes na região das nádegas, dando um enfoque maior.

As primeiras anquinhas eram feitas de crina de cavalo, semelhante ao que ocorreu com a crinolina. As seguintes foram feitas com metal e eram chamadas de anquinhas científicas com dispositivo abre-fecha, para que as mulheres pudessem se assentar.

Fig. 16 - Instituto de Indumentária de Kioto, 1880.

---

[27] Anquinha, *busttle*, em inglês, ou *tournure*, em francês, foi a armação em forma meio-saiote criada para dar volume às nádegas, usada nos vestidos das décadas de 1870 e 1880.

Na década de 1880 é que realmente se percebe o exagerado volume causado nos traseiros, não apenas decorrente do uso da anquinha, mas devido à atenção que as saias dos vestidos recebiam nas costas, provocando um amontoado de panos franzidos, drapeados e repuxados, de forma que concentrassem a admiração pela parte posterior do corpo.

Fig. 17 - Victorian Fashion Costumes, 1883, Harper´s Bazaar.

Uma das telas mais famosas para ilustrar as anquinhas foi a do pintor Georges Seurat, *La Grande Jatte*, que revela que as mesmas chegaram a ser usadas até mesmo pelas classes menos favorecidas.

Fig. 18 - Georges Seurat: *La Grande Jatte*, 1884-86. Chicago Art Institute.

A partir de meados do século XIX, a maioria dos vestidos consistia em duas peças separadas, um corpinho e uma saia, e à medida que o tempo passava, foi incrementado o uso de adornos e detalhes.

O *cuirasse*[28] foi usado com as saias pelo realce da *basque*[29], que valorizava ainda mais o volume formado pelas anquinhas.

Fig. 19 - Charles Frederic Worth, 1888. Instituto de Indumentária de Kioto.

Mas o uso das roupas dispostas em duas peças não aboliu o uso do vestido de uma peça só: surgiu até mesmo o "vestido linha princesa", em honra à princesa Alexandra, que se tornou mais tarde rainha da Inglaterra. Sua característica era não ser cortado horizontalmente na cintura, sendo confeccionado com *pences* que desenhavam o busto e as ancas; ele durou pouco e foi considerado um bom exemplo do estilo "consciência do corpo" do século XIX.

Porém, as contestações pela maior liberdade de expressão feminina não se limitaram apenas à década de 1850, com Amelia Bloomer. Em 1881, surgiu um movimento chamado traje racional ou roupa estética, defendido por alguns intelectuais em protesto ao mau gosto das roupas e aos malefícios delas

---

[28] *Cuirasse* era a denominação do corpete cujo peitilho podia ser feito de cor diferente, às vezes dotado de basque (pequena saia presa ao corpete), porém, este exigia o uso de espartilhos ainda mais apertados.
[29] *Basque* é uma pequenina saia costurada à blusa que circunda o quadril.

causados à saúde, especialmente com o uso dos espartilhos e com as camadas excessivas de roupas acolchoadas. Por essa razão, o movimento adotou roupas desprovidas de "recheios", ou seja, mais largas e confortáveis. Houve muitos escárnios e sátiras em relação a estas roupas mais amplas, pois seria somente quando as mulheres tivessem uma vida mais ativa que esse ideal vingaria.

O próximo período, que vai do final do século XIX até a I Guerra Mundial, se chamou *Belle Époque* e foi caracterizado por uma brilhante decadência e um espírito alegre antes da chegada do novo século.

O ambiente de transição trouxe ares novos à moda feminina. Buscava-se uma expressão do corpo feminino tal como na realidade.

Em seu livro *Em busca do tempo perdido*, Proust captou e descreveu conscientemente a importante transição que viveu a roupa feminina.

Nessa época, é estruturada a silhueta em "S", que ganhou esse nome devido às curvas sinuosas geradas pelo espartilho, que projetava os seios para o alto do decote devido ao corpinho mais comprido daquela peça (abaixo do quadril), forçando as mulheres a inclinarem o corpo para trás, para não se comprimirem tanto. Isso acentuava a inclinação lombar, criando um volume nas nádegas, que já não eram mais aumentadas pelas anquinhas.

A inclinação curvilínea que sugeria o desenho de um "S" se parecia com as formas orgânicas e sensuais da Art Nouveau.

Finalmente, nos últimos anos do século XIX e princípio do século XX, as mulheres usaram uma saia longa em formato de sino, abotoada atrás, assentada no quadril e larga na barra, acompanhada de jaqueta de corte justo e camisa.

Novamente o chapéu contribuiu com a estética desse traje, pois era grande, de abas largas, extremamente decorado e exercia a proporção invertida de um triângulo, tendo seu vértice para baixo – o contrário do chapéu do período das crinolinas.

A participação em atividades esportivas trouxe o retorno das antigas e fracassadas calças Bloomer, que passam a ser usadas para o ciclismo, como no famoso quadro de Jean Beraud, *The cycle hat in the Bois de Bologne*, que retrata finalmente mulheres usando calças. O uso da peça de roupa inferior bifurcada para as mulheres resistiu por muito tempo. Para montaria, surgiu um modelo de calças que são disfarçadas por uma sobressaia em estilo envelope, abotoada de lado. Essa peça facilitava cavalgar, já que até então as mulheres cavalgavam sentadas com as pernas de um único lado, e não com as pernas afastadas, como os homens.

Fig. 20 - Jean Béraud: *A rota de bicicleta no Bois Boulogne*, 1901-10. *Sceaux, Museu de l'Île de France.*

A I Guerra Mundial destruiu de forma rápida os antigos sistemas e valores sociais que já haviam sinalizado mudanças no final do século XIX. O surgimento de uma pujante classe média, mais participativa no mundo em geral, renunciou ao espartilho e buscou roupas mais funcionais. Os estilistas, assim como os artistas, se empenharam em criar novos tipos de indumentária.

Fig. 21 - A. de Dreux: *Mulher a cavalo numa saia azul*, 1860. *Collection Hermes.*

O corpo feminino sofreu oscilações devido à sociedade e à cultura, que responderam por meio da roupagem, indício de um tempo em que pertencer a um espaço privado não se restringia apenas a estar dentro de casa, e sim dentro de roupas-territórios que, apesar de oprimirem as mulheres, constituíram um valor erótico inegável.

CAPÍTULO 3

A moral das roupas

A ideia de sexualidade surge no século XIX, segundo estudos do filósofo francês Michel Foucault. Por se tratar de um assunto praticamente proibido, tornou-se um grande problema na Idade Moderna. A mulher sofreu especialmente com a questão da culpabilidade, já que, ao longo desse período, os médicos insistiam em provar que seu corpo não havia sido feito para frequentar e participar da vida pública.

Tomás de Aquino já insistia, desde o século XIII, sobre a inferioridade feminina, defendendo que a mulher era parte do homem, saída da costela de Adão, o dono da razão, ser ativo. Assim, a mulher deveria exercer seu papel dentro da família, no gineceu, modelo de conduta passiva e submissa.

O puritanismo patriarcal do século XIX era então uma maneira velada de revelar o erotismo, uma vez que, até o século XVIII, o impulso sexual teve um valor hedonista. Entretanto, no século seguinte, passou-se a sexualizar numerosos estímulos por meio de objetos, dentre os quais um deles é amplamente fetichizado: a roupa. Embora entre a nudez e o estímulo sexual haja uma relação de maior proximidade, na maioria das culturas ocidentais as roupas exerceram um forte atrativo sexual na sociedade oitocentista.

Nesse capítulo, analisaremos a roupa como objeto mediador da libido, e a associação perceptiva do homem como observador do corpo feminino, relacionando pintores e obras que contemplam a forma de olhar e retratar o corpo da mulher, especialmente no Realismo e no Impressionismo.

Também discutiremos o homem em seu fazer de costureiro e criador de novos corpos femininos, por intermédio da configuração da roupa.

Parece até que o redesenho é a forma mais aprazível de contemplação das formas do corpo, pois, com a roupa, é possível esculpi-lo segundo os desejos de sua idealização, e aquilo que é natural ou verdadeiro é um desagrado nas proporções para cada época.

Charles Baudelaire, em *O pintor da vida moderna*, declara seu desagrado a tudo o que é natural: "[...] por que tudo que é natural é grosseiro e terrestre; enquanto o adorno é um dos recursos da nobreza primitiva da alma humana, a virtude é artificial e o belo é resultado da razão e do cálculo [...]" (BAUDELAIRE *apud* DE CARLI, 2002, p. 61).

Essa afirmação confirma que o corpo feminino desnudo não possui mais encantos do que o corpo vestido; afinal, a roupagem tem o poder de transformá-lo no corpo idealizado. É como se o corpo, separado da roupa, estivesse incompleto, inacabado.

O corpo inegavelmente se transforma por meio de adornos e vestes, mas o século XIX cria um cenário particularmente interessante de investigação pela incoerência entre o comportamento e a estética feminina vigente. Todavia, percebe-se um crescente diálogo entre a mulher e a sociedade por intermédio das roupas.

Os tabus do corpo e da moral se afrouxaram, não havendo limites muito nítidos quanto ao pudor, já que o compromisso entre o exibicionismo e o recalque encontrou uma forma de expressão por meio da roupa. "É sabido que a vestimenta se origina menos no pudor e na modéstia do que em um velho truque de, através do ornamento, chamar a atenção sobre certas partes do corpo" (SOUZA, 1987, p. 93).

Se uma vertente da estética da moda permeia a supremacia dos valores morais, outra tem, na roupa que cobre, a que descobre seus atributos. Isso acentua na mulher as características sexuais, aumentando seus quadris graças às camadas de anáguas e, mais tarde, desenhando traseiros empinados pelas anquinhas, além de delinear cinturas estreitas por meio dos espartilhos.

A roupa é entendida como elemento que nutre a atração entre os sexos e apresenta subsídios formais, espaciais, cromáticos, para as preferências que serão desenhadas nas telas, retratadas na fotografia e contruídas nos vestidos, graças à ação dos pintores, fotógrafos e costureiros.

O nu é um gênero de pintura que propõe a mulher como motivo principal, recorrente. Nos nus da pintura europeia, é possível descobrir alguns dos critérios e convenções pelos quais as mulheres têm sido olhadas e julgadas esteticamente, valorizadas quanto à sua beleza.

Kenneth Clark, em *The Nude*, esclarece sobre as diferenças entre a nudez e o nu: a nudez implica estar despido, enquanto o nu se relaciona com a sexualidade vivida.

John Berger complementa que o nu é uma forma de vestuário, pois sua disposição, para que seja exibido, é totalmente arranjada: por meio da pose, dos cabelos, do gesto e do olhar – o qual é incrivelmente sinalizado como oferecimento. A mulher oferta sua feminilidade para ser contemplada.

Fig. 22 – Ticiano: *Vênus de Urbino,* 1538, Gallerie degli Uffize, Florença.

Fig. 23 – Sandro Botticelli: *Nascimento de Vênus,* 1484. Gallerie degli Uffize, Florença.

É relevante notar que os nus da pintura renascentista e pós-renascentista são representados, na maioria das vezes, frontalmente (Fig. 22 e 23), enquanto os mesmos, na pintura realista ou impressionista, são mostrados de costas.

No século XVIII, François Boucher retratou alguns nus cujas nádegas eram o destaque da pintura. Alguns até lhe causaram problemas em função de juntar o rosto da esposa ao corpo da amante, como é o caso de *Rapariga em Repouso,* ou *Odalisca* (Fig. 25), também conhecido como *Mademoiselle O'Murphy*. Mas Boucher era realmente conhecido por suas pinturas idílicas, que evocavam a mitologia clássica, o que retrata mulheres irreais, sonhadas, etéreas como as ninfas e deusas dos períodos anteriores, tal como vemos no Renascimento, com mulheres nuas sagradas, epifânicas, divinas, ladeadas por querubins e anjos, como mostrou Diego Velazquéz em sua *Vênus do espelho* (Fig. 24).

Esse confronto entre diferentes épocas e estilos de pintura permite que se confirme, por meio do olhar dos pintores, a forma com que estes representavam o corpo da mulher, de acordo com suas preferências ou fantasias, justificando o redesenho do corpo feminino por meio da roupa, que repropõe, ou ainda, amplia áreas do corpo feminino, áreas estas valorizadas também no nu.

Fig. 24 - Diego Velazquéz: *Vênus do espelho*. 1648-1650. The National Gallery, Londres.

Fig. 25 - François Boucher: ***Odalisca***, 1745, Museu do Louvre, Paris.

Um dos temas mais explorados para o nu é o das banhistas. Para tanto, há uma seleção de obras bastante convincente sobre o prestígio que as ancas e os traseiros receberam, especialmente no final do século XIX, com os movimentos artísticos denominados de Realismo e Impressionismo. O imaginário sexual masculino foi traduzido de forma bem renovada por Gustave Courbet, o maior expoente do Realismo. Ele pintou, na época, nus polêmicos, muitos inclusive recusados em salões em virtude de suas mulheres possuírem uma notável semelhança com as mulheres da vida comum. Assim, ele não ocultava pelos pubianos, protuberâncias, exageros e sulcos da epiderme, que antes não eram percebidos nas Vênus e ninfas, figuras desprovidas de pelos no corpo por sua natureza mitológica. É sabido que, em vida, a reputação de vulgaridade o acompanhava: alguns cafés aristocráticos de Paris chegaram até mesmo a pedir que seus frequentadores não discutissem o trabalho de Courbet.

Suas pinturas eram consideradas tão grosseiras que, em um salão de outono, Napoleão III, irritado, chicoteou um de seus quadros, cuja representação exibia uma robusta camponesa que emergia de um lago. Em verdade, não se tratava de uma bailarina árabe ou escrava romana nem de uma ninfa grega, que eram retratações permitidas de terem uma expressão mais livre, dependendo da escola artística. Mas sim de uma mulher retratada como uma mulher comum de sua época.

Algumas convenções eram traduzidas para o público por meio do crítico de arte, e as exposições artísticas ocuparam espaço do entretenimento público como parte do espetáculo urbano da cultura metropolitana. Cabia ao crítico decodificar e formular uma opinião para então transmiti-la. Existem públicos diversos para determinadas obras: *A fonte* de Courbet, por exemplo, ainda possui características aceitáveis pelo arranjo que dispõe, mas *Origem do Mundo* foi tida como obra pornográfica pela disposição do nu.

> [...] os artistas, portanto, podem planejar suas composições, decidir sobre a escala, o assunto e os materiais tendo em vista o contexto de visão que se pretende para a obra, portanto, costuma estar em ação no momento em que é feita [...][30]

Devido à fascinação pela beleza da matéria viva, Courbet pintou paisagens, retratos e mulheres; seus nus foram bastante polêmicos. *Origem do Mundo* foi um de seus quadros proi-

---

[30] FRASCINA; BLAKE; GARB; HARRISON, 1998, p. 277.

bidos para a exposição, devido à realidade com que retratou o corpo feminino, diferentemente das convenções dos nus na arte até então.

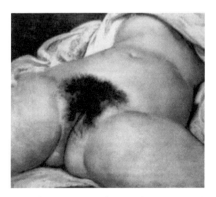

Fig. 26 - Gustave Courbet: *A origem do mundo*. 1866. Musée D´Orsay, Paris.

Suas banhistas possuíam ancas e nádegas protuberantes, que foram comparadas com as de uma égua, devido às proporções. Em *A Fonte*, a carnalidade de suas mulheres irritava os românticos, que falavam de uma "Vênus hotentote com seu monstruoso traseiro".

Fig. 27 - Gustave Courbet: *A Fonte*, 1868. Musée d´Orsay, Paris.

Edgar Degas tinha um curioso fascínio pelo nu feminino, adorando suas formas e movimento. Suas banhistas possuem um vigor incrível, e, para retratá-las, ele se comportava como um *voyeur*, pois gostava de pintar "como se estivesse espiando-as pelo buraco de uma fechadura". O resultado foi a pintura de jovens em posições bastante íntimas, ora se secando, ora se preparando para o banho. Há uma espécie de sequência nas banhistas que ele pintou, e, no que nos interessa, a maior parte delas foi retratada de costas, com protuberâncias e concavidades musculares. O prazer de olhar para as nádegas é saber que não se está sendo observado, muito embora em *História das Nádegas* haja um discurso do observador experimentar um desconforto ao pensar que as nádegas também podem observá-lo[31].

Fig. 28 - Edgar Degas: *Moça a secar-se,* 1885. Washington, National Gallery of Art.

Jean-Auguste Ingres pintou *A Grande Odalisca*, cujo corpo tem uma característica mais delgada e possui curvas sinuosas.

---
[31] HENNING, Jean-Luc Voyer. In: História das nádegas. Lisboa: Terramar, 1995.

Essa personagem, que até então era tida como escrava de haréns no Oriente e, em especial, na Turquia, em 1765 ascende socialmente como "mulher de cama", fato esse que também ocorre na pintura. Miss O´Murphy, que nada tinha de turca, se prestou como modelo para François Boucher, mas foi principalmente Ingres que encontrou um emprego para suas novas condições, quando a "odalisca" era vista de costas, com a graça de uma mulher inativa. Essa graça inativa também é percebida nos nus de Courbet, pois, segundo o historiador de arte Jorge Coli, suas mulheres estão sempre dormindo ou se relacionando com outras mulheres, enquanto as banhistas nuas de Ingres pertencem às fantasias de ambientes imprecisos e longínquos. *Banho Turco* talvez seja o quadro mais polêmico para esse estudo, pois nele há uma quantidade de nus em que as estruturas femininas oferecem primazia à forma arredondada. No quadro, a nudez é representada bem corpulenta; até a moldura do mesmo tem formato arredondado.

Fig. 29 – Jean-Auguste Dominique Ingres: *A Grande Odalisca*, 1814, Museu do Louvre, Paris.

Embora os quadros mais conhecidos de Tolouse-Lautrec apresentem temas sobre prostitutas e cenas no Moulin Rouge, há uma beleza instigante nos nus pintados por ele, que contêm uma emoção melancólica sobre a beleza perecível. *Mulher*

Nua diante do Espelho é um quadro que demonstra também a representação dos quadris e nádegas avantajadas da mulher.

Fig. 30 - Tolouse-Lautrec: *Mulher nua diante do espelho*, 1897. Coleção Haupt, Nova York.

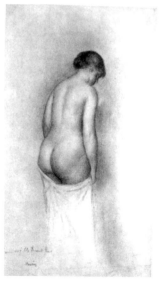

Fig. 31 - Pierre-Auguste Renoir, *Depois do Banho*, 1884. Coleção Durand-Ruel.

A corpulência das ancas largas e arredondadas também era característica do cânone de beleza na pintura de Pierre-Auguste Renoir. O mais belo na mulher parecia-lhe o traseiro. Suas mulheres não possuíam mente nem intelecto, apenas se assemelhavam a belos animais e agiam instintivamente como tais.

> [...] a ênfase do animalesco no ser humano tornava-se cada vez mais evidente. As moças de Renoir apenas possuem alma quanto se deixa exprimir através do seu corpo. Não possuem mente, intelecto ou mesmo consciência do seu papel social. Para ele, elas eram iguais a animais bonitos ou a flores e frutos na sua ostentada abundância [...][32]

Édouard Manet tinha como tema o corpo da mulher totalmente concentrado em si mesmo, despida de artifícios quando, na sociedade, tem de se preparar para a sociedade. "O desenho não é a forma, mas a maneira como as formas são vistas."[33] Isso significa que há um poder de decisão no olho de quem vê as formas. Elas são oriundas da percepção; no caso, a percepção masculina do pintor, ou seja, como ele deseja representar o corpo da mulher. Existem multiplicidades de representações das nádegas. Contudo, no século XIX, tanto no vestido como na pintura, houve a necessidade de ressaltá-las de forma cultuada. Já outros períodos a disfarçaram, mas a contundente exploração do assunto evidencia que quem vestia os trajes sedutores que destacavam as nádegas eram justamente damas polidas e recatadas. Isso era uma inconfluência, pois erotizar o corpo de uma dama de moral e pudor tão vigiados gera um desencontro de lógica.

---

[32] FEIST, 2004, p. 89.
[33] In: VALERY, Paul. Degas, dança e desenho. São Paulo: Cosac & Naify, 2002.

Fig.32 - Édouard Manet: *O Banho*, 1878-79. *Musée d'Orsay*, Paris.

A representação do corpo feminino, de acordo com as zonas corporais preferidas pelos pintores, foi transferida para a fotografia, que também exibe nus, por meio de postais eróticos e fotografias estereoscópicas coloridas à mão, vistas por meio de dispositivos que se punham à frente do rosto, e que davam uma ilusão de tridimensionalidade, e que provocavam um efeito de proximidade íntima. As imagens eróticas eram quase sempre realizadas por homens e, a partir de sua invenção, engendrou o seu próprio ramo de pornografia.

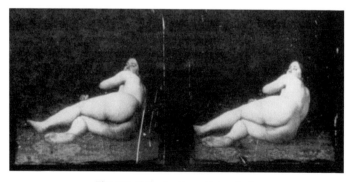

Fig. 33 - Coleção Gerard Lévy, Paris.

Fig. 34 - Gugliermo Marconi: Academie Figure, 1870, Uwe-Scheid Collection.

Pintava-se ou fotografava-se a mulher nua porque era aprazível olhar para ela. A presença da roupa que a embeleza propõe um novo desenho para estimular o homem, o que significa que ela permanece sendo observada pelo espectador masculino. A roupa instiga-o a imaginar o corpo da mulher, principalmente pelo enfoque dado às formas insinuantes decorrentes do traje, que favorece a sedução erótica: "[...] assim, a masculinidade torna-se definida como espectador ou *voyeur* da feminilidade, e esta, reduzida à aparência ou espetáculo [..]." (BARNARD, 2003, p. 83).

A França, conhecida como pátria do erotismo, despertou a imaginação sexual masculina, interpretada nas pinturas, poemas e romances, e investiu na vestimenta feminina, criando a ficção sexual. O país, capital da moda desde a corte de Luís XIV, exerceu mais ainda seu monopólio na construção do luxo. A moda tornou-se uma e, por que não, a principal das vertentes que permeiam as inovações.

A invenção dessas mulheres, desses corpos femininos e de sua gestualidade era não somente para serem vistos pelos homens, como também eram criação destes. A questão de o homem idealizar e modelar as criaturas femininas não teve pioneirismo com Worth, apesar de ele ter contribuído para esse fato se consolidar.

O que é colocado em questão é que as mulheres passaram a ser construídas sob a égide do olhar do homem e do artista, do costureiro. As mulheres criadas pelos artistas eram mais lascivas e mais atraentes. A fantasia do pintor, assim como do costureiro, era de perceber a mulher em sua totalidade, captada pela textura perfeita das tintas ou dos tecidos.

Segundo Anne Hollander, o fato de serem criação masculina o redesenho e a modelagem estética do corpo feminino significa participar intimamente de sua sexualidade: "[...] um estilista deveria ser um homem, alguém como Tolstoi ou Flaubert, com um grande talento para inventar mulheres que pudessem capturar a imaginação masculina [...]" (HOLLANDER, 1996, p. 153).

Para James Laver, a carga erótica do traje feminino pertence a uma teoria que ele chamou de "zona erógena variável", afirmando que, em qualquer época, uma certa parte do corpo feminino precisa ser colocada em evidência. Porém, a ênfase tem de mudar constantemente, pois os homens acabam se acostumando com a atual e se desestimulam, precisando apreciar uma outra região.

Assim, uma nova vertente é percebida, a que pressupõe a mulher nua ou revestida por suas roupas como a modelo do pintor em seus quadros: um ser divino, uma epifania.

A erotização do corpo nu agrega um valor libidinoso à roupa, também sensível, sem demolir a moral e o puritanismo vigentes. A sexualidade escondida se impõe com toda a força daquilo que constitui o corpo a ser visto. Conforme Foucault reconhece em *História da Sexualidade*, nesse período havia repressão sexual e, concomitantemente, o contrário: uma atenção física sobre ela.

A mulher vestida se torna espetáculo para o homem observar, e, como diz Berger: "[...] parece que ela sabe disso, ela se vê sendo vista [...][34]

[34] In: BERGER, John. Modos de ver. Rio de Janeiro: Rocco, 1991.

CAPÍTULO 4

A forma conceitual das saias no espaço

A paradoxal expressão da construção de peças de roupas, que glorificou os quadris e traseiros femininos em uma época de moral tão acanhada, cria possibilidades para se pensar na metamorfose em que o corpo recebe um valor metafórico. A energia libidinosa presente nas saias se materializa junto ao corpo, transcrevendo-o por meio da forma.

Neste capítulo, será explorada a forma das saias, somadas ao corpo feminino, relacionando-o com a cultura feminina do século XIX, abordada no primeiro capítulo, ao entendimento dos volumes e construções mencionados por meio da história da moda, no segundo capítulo, e com a carga erótica do olhar masculino sobre o corpo da mulher descrita no capítulo anterior.

Pretende-se neste momento entender como o corpo pode ser pensado, desenhado e redesenhado; como a cisão entre o corpo e a veste pode ser superada pela transmutação proposta pelas vestes criadas.

Os investimentos imaginários, relacionados com o modo de vestir do século XIX, surgem da relação objeto e corpo, que desenha uma nova figura, com novos volumes e proporções, que transpasse a ideia entre coisa e ser humano. O desejo sexual deve, de algum modo, exprimir sua plasticidade pelo movimento de certos membros do corpo, revelando, assim, a beleza das formas, unindo essa beleza desperta ao nascimento do desejo e à sua realização.

A metamorfose da roupa em coisas ou seres pertence a um deslocamento de imagens e corpos.

As saias são peças que pertencem essencialmente a um vestuário tradicional, originalmente feminino. Muito antes do século XIX, ainda que houvessem esforços na construção da aparência do corpo das mulheres, as mudanças na vestimenta trataram mais do desenvolvimento, apresentação e ênfase da cintura, do tórax, dos ombros e do uso de decotes. Havia ainda a preocupação em se descobrir a pele, expondo o colo, os braços, os ombros e parte das costas.

Porém, a mulher ficou enfaticamente mais dividida no século XIX por ter ocorrido uma grande variedade de construções para as saias, tanto as dos vestidos como as saias propriamente ditas, do final do século.

A razão em ter a parte superior do corpo com permissões para ser mostrada, e a parte inferior completamente coberta, parece ter instigado o homem a então desenhá-la com formas diversas, imaginando a mistura da mulher e outros elementos.

A parte superior de seu corpo mostra o rosto, os cabelos, seios e braços encantadores, oferecendo o que tem de benigno, o prazer maternal, sua docilidade, a ilusão de segurança. Sua segunda metade esconde o sexo adulto, e as saias podem representar a armadilha que os próprios homens criaram para seu tormento.

Existem muitas analogias que podem ser feitas correspondentes às saias. Entretanto, o mito de Dafne representa muito bem a questão abordada nessa pesquisa, pois a atitude de repulsa à sexualidade incoerente com sua veste remete ao arquétipo da mulher flor.

A analogia feita por Jung com o mito de Dafne e o arquétipo da mulher flor pode ser transportada para a mulher vestida do século XIX, que, em uma reação repulsiva às atitudes em questão no período, suplica por uma transformação.

A mulher rendeu-se ao invólucro como um último escudo para se defender, preferindo ser trancada na roupa inventada pelo homem, como última fonte de comunicação com o mundo, já que não restava força de expressão na sociedade em questão, assim como elementos da natureza podem ser considerados como eixo ou suporte das metamorfoses, segundo Henri Foncillon:

> [...] o corpo do homem e o corpo da mulher podem permanecer quase constantes, mas as representações que podem ser feitas com os corpos de homens e mulheres são de uma variedade inesgotável, e esta variedade trabalha, agita, inspira as obras mais bem elaboradas e mais serenas[...] [35]

Fig. 35 - Ernesto Giovanni Boccara: *Nascimento da Rosa Verdadeira*, 1981- Acervo do particular do artista.

Quando a Dafne da fábula é transformada em loureiro, é preciso que ela passe de um reino a outro. A metamorfose das figuras não altera os dados da vida, compõe uma vida nova, não menos complexa do que a dos seres da mitologia.

O vestuário não pode ser percebido sem a relação direta

[35] FONCILLON, 1981, p. 19.

com o corpo, corpo este que se move, corpo tridimensional, corpo com uma natureza que pertence a um tempo e espaço, e o espaço é o próprio corpo: " [...] o espaço é o lugar da obra de arte. Mas não é suficiente dizer que ela acontece nele. Ela o trata segundo suas necessidades, define-o e mesmo o cria tal como necessita dele [...]" (FONCILLON, 1981, p. 38).

A arte já recortou o corpo no cubismo, distorceu-o no expressionismo, converteu-o em sonho no surrealismo, glamurizou-o de forma comunicativa na *pop art*, documentou-o pelo hiper-realismo, e, com o advento da *body art*, os artistas passaram a explorar o corpo como suporte último de expressão. O vestuário é uma forma de interferência, assim como as escarificações e tatuagens. É no corpo que as metamorfoses e as metáforas se instalam, procurando reconfigurações e formas de expressão, consolidando o diálogo com a cultura.

Esse novo território de existência e cultura deixou de ser objeto frívolo, efêmero, fútil, para ser lido como busca de identidade.Tal território apresenta formas de se decifrar latências e tendências, e, de apenas signo icônico, de imagem ótica e objetiva, ele passa a receber uma valorização estética mais ampla, de modo a se tornar símbolo e, assim, se expandir comunicativamente, perpetuando no tempo e no espaço físico e social, ou seja, reafirmando o *status quo*, ou reformulando-o de forma crítica.

Fig. 36 - Silhuetas do catálogo *Repères Chronologiques, Musée de la Mode et du Textile*. Paris - 2001

CONSIDERAÇÕES FINAIS

A partir das investigações sobre o redesenho do corpo feminino no século XIX por intermédio da roupagem e do elo com a cultura feminina, e o ideal de beleza do período, obtive dois caminhos para concluir esta pesquisa: um de natureza machista, localizando a mulher vestida como um objeto no todo; outro, de caráter libertador, agregando à roupa um temeroso objeto revelador.

Por um lado, o corpo da mulher esteve à mercê das torturas causadas pela elaboração dos trajes. Seu aspecto vestido resvalou o zênite da sexualidade e erotização para o vislumbre masculino. Por outro, a roupa que veste a mulher lhe proporcionou uma condição participativa para se comunicar com a sociedade.

Logo, entender a ação e seu principal agente trouxeram-me a necessidade da comprovação sobre sua representatividade. Ao encontrar justificativas no discurso do olhar masculino como principal agente escultor das formas – mulher/roupa, obtive êxito ao analisar o olhar colocado em questão, dirigido pelos pintores do Realismo e Impressionismo.

A representatividade do corpo da mulher na arte do século XIX me trouxe subsídios sobre a forma como os homens perceberam a mulher de acordo com suas preferências. Selecionei cuidadosamente os nus mais polêmicos que expressassem a localidade corporal evidenciada para estabelecer, assim, na roupa, associações e convergências.

Os pintores comprovaram para meus estudos a pertinência sobre a estrutura carnal anatômica feminina e a forma escolhida para as roupas, que tornou evidentes determinadas zonas corporais, exatamente as mesmas exibidas nas obras comentadas.

Observei que, a despeito dos artistas, surgem os criadores de moda, desenhando as mulheres por meio das roupas, como que as arrancando das tais imagens dos quadros para ganharem vida e circularem tais formas pelo espaço urbano: a condição masculina, antes do ato criativo de seu talento, com certeza permitiu aconselhá-las a serem exatamente aquilo que deveriam ser para a observação deles próprios.

Por outro lado, a mulher, tendo sido a geradora do prazer visual como panorama para o homem, conquista, embora muitas vezes dentro da opressão dos trajes, o deleite de modelos que circulavam nos ateliês dos pintores, sendo fonte inspiradora dos novos trajes.

Meu próprio corpo e minhas roupas me respondem que o processo de existir nesse território rende reflexões que diariamente criam um diálogo entre o corpo e a roupa, que apontam para novas opressões de outros elementos que ocupam o lugar dos espartilhos e anáguas. O que fala nossa roupa então? Que corpo a moda insiste em redesenhar ou em ressignificar?

REFERÊNCIAS BIBLIOGRÁFICAS

BARNARD, Malcolm. *Moda e Comunicação*. Rio de Janeiro: Rocco, 2003.

BAUDELAIRE, Charles. *Sobre a modernidade*. São Paulo: Paz e Terra, 1996.

BECKETT, Wendy. *História da Pintura*. São Paulo: Editora Ática, 1997.

BERGER, John. *Modos de Ver*. Rio de Janeiro: Rocco, 1999.

BISHOP, Clifford; OSTHEL DER, Xênia. *Sexualia*. From Prehistory to Cyberspace. Colônia: Könemann, 2001.

BLUM, Stela. *Victorian Fashions & Costume from Harper´s Bazaar*: 1867-1898. USA: Dover, 1974.

BOURDIEU, Pierre. *A Distinção. Crítica social do julgamento*. São Paulo: Edusp; Porto Alegre: Zouch, 2008.

BOUCHER, François. *A History of Costume in the West*. Londres: Thames and Hudson,1987.

BRADFIELD, Nancy. *Costume in detail*. Women´s dress 1730-1930. Londres: Harrap, 1981.

BRAGA, João. *História da Moda: uma narrativa*. São Paulo: Editora Anhembi-Morumbi, 2004.

BREWARD, Christopher. *The Culture of Fashion*. Nova York: Manchester, 1995.

BUTAZZI, Grazieta. *La Mode. Art – Histoire – Société*. Milão: G. E. Fabbri,1981.

CASTILHO, Kathia. *Moda e Linguagem*. São Paulo: Editora Anhembi-Morumbi, 2004.

CLARK, Kenneth. *The Nude: A Study in Ideal Form*. Nova York: Pantheon,1956.

CLARK, T. J. *A Pintura da Vida Moderna. Paris na arte de Manet e de seus seguidores*. São Paulo: Companhia das Letras, 2004.

COSGRAVE, Bronwyn. *História de la moda. Desde Egipto hasta nuestros dias*. Barcelona: Editorial Gustavo Gilli, 2000.

CUNNINGTON, Phillis; WILLE TT, C. *The History of Underclothes*. Londres: Dover, 1992.

DE CARLI, Ana Mery Sehbe. *O Sensacional da Moda*. Caxias do Sul: EDUCS, 2002.

DEL PRIORE, Mary. *História das Mulheres no Brasil*. São Paulo: Contexto, 2001.

DESLANDRES, Yvonne; MÜLLER, Florence. *Histoire de la Mode au Xxe Siecle*. Paris: Editions Somogy,1986.

DUBY, Georges; PERROT, Michelle. *História das Mulheres no Ocidente*. vol 4: O século XIX. Porto: Edições Afrontamento, 1994.

DUMAZEDIER, Joffre. *A Revolução Cultural do Tempo Livre*. São Paulo: Nobel, 1994.

ELIAS, Norbert. *O Processo Civilizatório*. Rio de Janeiro: Jorge Zahar Editor, 1994.

FABBRINI, Ricardo Nascimento. *A arte depois das vanguardas*. Campinas: Editora da Unicamp, 2002.

FAUX, Dorothy Schefer. *Beleza do Século*. São Paulo: Cosac & Naify, 2000.

FEIST, Peter H. *Renoir*. Colônia: Taschen, 1990.

FOCILLON, Henri. *Vida das Formas*. Rio de Janeiro: Jorge Zahar Editor,1981.

FONTANEL, Beatrice. *Sutiãs e Espartilhos. Uma história de Sedução*. Rio de Janeiro: Salamandra, 1992.

FOUCAULT, Michel. *História da Sexualidade* (volume I). São Paulo: Graal, 2003.

FRASCINA, Francis et alii. *Modernidade e Modernismo. A Pintura francesa no século XIX*. São Paulo: Cosac & Naify, 1998.

FUKAI, Akiko; SUOH, Tamami. *La colección del Instituto de Kioto. Moda: una historia desde el siglo XVIII al siglo XX*. Colônia: Taschen, 2004.

GOMBRICH, E. H. *A História da Arte*. Rio de Janeiro: LTC, 2004.

GRI MAL, Pierre. *Dicionário da Mitologia Grega e Romana*. Rio de Janeiro: Bertrand Brasil, 1997.

GROWE, Bernd. *Edgar Degas*. Colônia: Taschen, 1994.

HENNIG, Jean-Luc. *Breve história das nádegas*. Lisboa: Terramar, 1997.

HOLLANDER , Anne. *O Sexo e as Roupas*. Rio de Janeiro: Rocco, 1996.

HÖLSCHER, Joost; BEUKEL, Dorine van den. *Fashion Design*. Amsterdan: The Pepin Press, 1999.

JANSON, H. W. *Iniciação à História da Arte*. São Paulo: Martins Fontes, 1996.

JEUDY, Henri-Pierre. *O Corpo como objeto de arte*. São Paulo: Estação Liberdade, 2002.

JUNG, Carl Gustav. *O Homem e seus Símbolos*. Rio de Janeiro: Editora Nova Fronteira, 1999.

LAVER, James. *A Roupa e a Moda. Uma história concisa*. São Paulo: Companhia das Letras, 1989.

LIPOVETSKY, Gilles. *O Império do Efêmero: a moda e seu destino nas sociedades modernas*. São Paulo: Companhia das Letras, 1989.

LURIE, Alison. *A Linguagem das Roupas*. Rio de Janeiro: Rocco, 1997.

MARTINS, José V. de Pina. *A Moda. 5000 anos de elegância*. Lisboa: Verbo, 1965.

MELLO E SOUZA, Gilda de. *O Espírito das Roupas: a moda no século dezenove*. São Paulo: Companhia das Letras, 1987.

N´DIAYE, Caterine. *La Coquetterie*. Lisboa: Edições 70, 1989.

O'HARA, Georgina. *Enciclopédia da Moda*. São Paulo: Companhia das Letras, 1992.

PERROT, Michelle. *História da Vida Privada: da Revolução Francesa à Primeira Guerra*. São Paulo: Companhia das Letras, 1991.

_____. *Minha história das mulheres*. São Paulo: Contexto, 2007.

_____. *Mulheres Públicas*. São Paulo: Fundação Editora Unesp, 1998.

ROWLAND-WARNE, L. Costume. Londres: Dorling Kindersley Limited, 1992.

SIMON, Marie. *La Mode enfantine. Les carnets de la mode*. Paris: Éditions du Chêne, 1999.

_____. *Les Dessous. Lês Carnets de la mode*. Paris: Éditions du Chêne, 1998.

SPROCCCATI, Sandro. *Guia de História da Arte*. Lisboa: Editorial Presença, 1991.

VEBLEN, Thornstein. *A Teoria da Classe Ociosa*. São Paulo: Editora Pioneira,1965.

VILAÇA, Nízia; GÓES, Fred. *Em Nome do Corpo*. Rio de Janeiro; Rocco, 1998.

WILSON, Elizabeth. *Enfeitada de Sonhos*. Rio de Janeiro: Edições 70, 1985.

WOLF, Naomi. *O Mito da Beleza. Como as imagens são usadas contra as mulheres*. Rio de Janeiro: Rocco, 1992.

Este livro foi composto na tipografia Myriad Pro por Letícia Faria e Thiago Cintra, da CD Studio, e impresso pela Prol Gráfica em papel offset 90g, para as editoras: Estação das Letras e Cores e Senac Rio em agosto de 2011.